EXPOSÉ POPULAIRE

POSITIVISME

PAR

Camille MONIER

« Vulgariser sans abaisser. »

Prix : 75 Centimes.

PARIS — 1888

EN VENTE

AU SIÈGE DE LA *SOCIÉTÉ POSITIVISTE D'ENSEIGNEMENT POPULAIRE SUPÉRIEUR*

rue Monsieur-le-Prince, 10.

EXPOSÉ POPULAIRE

DU

POSITIVISME

PAR

Camille MONIER

« Vulgariser sans abaisser. »

PARIS — 1888

EN VENTE

AU SIÈGE DE LA *SOCIÉTÉ POSITIVISTE D'ENSEIGNEMENT POPULAIRE SUPÉRIEUR*

10, rue Monsieur-le-Prince, 10.

s'accomplir, mais pour faire servir ce travail à une grande destination. *Connaître pour améliorer* : telle est la devise de la philosophie nouvelle ; connaître le monde extérieur pour améliorer notre situation matérielle, connaître l'homme pour améliorer sa nature et perfectionner les relations sociales. La préoccupation constante de ce but distingue nettement le Positivisme de la science pure, la science pour la science ; aussi blâmons-nous énergiquement la déperdition des forces intellectuelles et les recherches certaines mais inutiles.

Le public excuse souvent un pareil gaspillage, et cela tient à une opinion fausse sur la marche des découvertes ; les travaux sans but n'ont jamais conduit à des résultats importants. Il faut méconnaître absolument l'histoire de la science vraie pour affirmer l'intervention du hasard ; en fait, on n'a jamais trouvé que ce qu'on cherchait, toutes les découvertes capitales ont été longuement préparées et se sont accomplies par la convergence des efforts des savants et sous le poids des nécessités sociales.

Il faut concevoir, de plus, qu'à côté de cette volontaire limitation du travail théorique à des questions utiles, il y a aussi des bornes qui nous sont imposées par notre organisation elle-même. Notre savoir ne sera jamais qu'une approximation de la vérité absolue ; heureux, serons-nous, quand cette approximation sera suffisante pour nos besoins. Nos sens sont imparfaits, notre force cérébrale est insuffisante, nous devons donc nous résigner à n'avoir dans certains cas que des connaissances approximatives. Cela n'infirme en rien la supériorité de la méthode scientifique qui cherche toujours à surmonter notre situation désavantageuse dans la limite du possible. D'ailleurs, l'homme montre sa grandeur véritable à tirer le meilleur parti de ses faibles ressources. Quel mérite aurions-nous si nous pouvions voir tout sans effort, et modifier tout à notre gré ! Placés dans un monde imparfait, réfractaire à notre action, mal doués sous le rapport de notre organisation, nous luttons sans perdre courage, et cette lutte elle-même nous ennoblit et nous perfectionne.

On le voit, le Positivisme est aussi loin de l'outrecuidance que de l'affaissement, deux reproches que des esprits mal renseignés nous adressent bien à tort.

Mais en voilà assez pour définir l'esprit général de la méthode positive. L'exposé rapide que nous allons faire des sciences positives nous permettra, d'ailleurs, de compléter les considérations précédentes.

II

DES SCIENCES POSITIVES

Notion de loi naturelle.

Le rôle de la science ou de la théorie est, avons-nous dit, de découvrir des lois générales ou abstraites dans les divers ordres de phénomènes naturels. Expliquons donc, tout d'abord, ce que c'est qu'une *loi naturelle*.

L'observation constante et répétée de ce qui nous entoure nous dévoile que les événements naturels sont tous assujettis à des relations fixes, leur succession est toujours la même. Cette fixité, tant de fois reconnue, nous permet de former des prévisions et de diriger notre conduite, toujours basée sur la notion bien établie que les événements quelconques sont soumis à des lois immuables. Cependant notre conviction ne devient vraiment complète qu'après la découverte effective de ces lois ou de ces relations. La science vient donc asseoir sur une base inébranlable nos opinions sur l'invariabilité des lois naturelles. Quelques exemples vont nous servir d'éclaircissement. Donnons tout de suite un exemple de *loi naturelle* dans son type le plus simple, c'est-à-dire lorsqu'on peut exprimer la loi au moyen de relations numériques. La géométrie élémentaire nous fournit un exemple bien souvent invoqué à cause de sa grande simplicité : la somme des trois angles d'un triangle est égale à deux droits. Parmi l'infinie diversité de tous les triangles possibles, il y a quelque chose de constant, c'est que la somme des angles est fixe.

Nous pouvons donner aussi comme type d'une loi naturelle la loi physique de la chute des corps : l'espace parcouru par un corps qui tombe est proportionnel au carré des temps ; ce qu'on peut exprimer par une relation numérique presque aussi simple que la précédente.

Quoiqu'il ne nous soit pas toujours possible de trouver des relations aussi précises pour exprimer les lois naturelles, il reste pourtant toujours le caractère fondamental de constance et de fixité. Aussi quand nous disons que tout corps vivant suit cette évolution : accroissement, dépérissement et mort, nous énonçons une loi naturelle avec moins de précision que dans les deux cas précédents, mais avec autant de certitude.

De même pour la loi du mouvement en avant des sociétés humaines, nous ne pouvons trouver la forme numérique de la loi, et pourtant nous indiquons ce qu'il y a de fatal et de constant dans le phénomène.

Une *loi naturelle* exprime donc la fixité et la constance qui existent entre les divers éléments d'un phénomène quelconque; elle a pour effet de nous montrer la constance dans la variété.

Notion de modificabilité.

Ce que nous venons de dire à l'égard de la fatalité des lois naturelles ne doit point cependant nous condamner à l'immobilité. Il n'est point en notre pouvoir de surmonter les dispositions fondamentales qui dominent les faits naturels, mais nous jouissons au moins d'une certaine liberté à l'égard des circonstances secondaires. Nous venons de montrer que toute loi naturelle nous dévoilait des relations fixes entre des phénomènes variables ; c'est justement sur la variabilité possible que nous devons fonder notre espoir de modification. En reprenant un à un les exemples fournis dans le paragraphe précédent, nous allons rendre la chose plus claire.

Dans l'infinité des triangles possibles, nous pouvons, sans violer la loi naturelle, construire ceux qui s'adaptent le mieux à nos besoins.

Sans violer la loi de la pesanteur, nous pouvons porter plus ou moins haut un corps pesant, pour obtenir un effet mécanique voulu.

De même, nous pouvons entre certaines limites, modifier la durée des périodes de la vie sans changer leur inexorable succession. Enfin, le mouvement naturel des sociétés humaines peut être accéléré ou retardé, sans que la loi d'évolution soit violée.

Donc nous pouvons modifier à l'infini ce qu'il y a de variable dans une loi naturelle sans pouvoir changer les relations fixes.

En définitive, la notion exacte de la fixité des événements quelconques doit nous inspirer une sage résignation pour ce qui est immodifiable sans entraver notre activité. Une observation que nous pouvons faire, dès maintenant, c'est que plus les phénomènes sont compliqués, et plus est considérable notre puissance modificatrice. Cela se comprend : plus il entre d'éléments dans un phénomène, plus il y a de *variables* et plus sont larges les modifications possibles. Or, voilà qui doit nous rassurer contre la prétendue inertie dans laquelle devrait nous plonger l'opinion que les faits s'enchaînent fatalement; les phénomènes sociaux et moraux, dont la modification nous importe au plus haut degré, sont aussi les plus compliqués, et par conséquent les plus accessibles à notre intervention.

Hiérarchie des sciences.

Nous avons reconnu que nous devions disposer nos études suivant leur degré de simplicité. C'est l'ordre que nous allons adopter pour classer les sciences positives et c'est aussi celui qui a présidé à leur développement historique.

L'échelle suivante à trois degrés représente la plus grande condensation possible :

Logique ou Mathématique;
Cosmologie ou Etude du Monde;
Morale ou Etude de l'Homme.

LOGIQUE OU MATHÉMATIQUE

La Mathématique s'occupe des phénomènes les plus simples et les plus généraux, ceux que nous trouvons partout à tous les degrés de l'existence : *la quantité, la forme* et *le mouvement*.

La quantité est évidemment le plus général de tous les

attributs, les corps que nous ne pourrions pas compter n'existeraient pas pour nous. Le *Calcul* s'occupe de ces phénomènes de quantité ou phénomènes numériques. La forme est du domaine de la *Géométrie*, c'est aussi une propriété universelle. Le mouvement, enfin, dont l'étude fait l'objet de la *Mécanique*, est une propriété que nous rencontrons également dans toutes les existences.

La *Mathématique* se subdivise donc en : calcul, géométrie, mécanique, classés toujours suivant le même ordre régulier. Le calcul est plus simple que la géométrie, qui, à son tour, est plus simple que la mécanique.

La constitution en un seul faisceau des trois branches de la Mathématique est devenue possible, depuis la grande opération accomplie par *Descartes*, qui a eu pour conséquences de ramener les recherches sur la *forme* à des questions numériques, et de préparer l'opération analogue pour la mécanique. Nous devons donc honorer ce puissant génie qui a essayé de coordonner le savoir humain et qui a donné effectivement les moyens de coordonner une science importante. L'esprit humain a été ainsi, grâce à Descartes, rapidement conduit à systématiser la mathématique, opération auparavant impossible, et a pu aborder d'autres sujets.

De la méthode en mathématique.

En considérant la Mathématique non pas seulement sous le rapport des lois qu'elle nous fait connaître, mais quant à son action sur notre intelligence, on voit alors qu'on peut justement l'appeler aussi *Logique*. C'est en effet là que notre puissance intellectuelle se développe et que nous acquérons de bonnes habitudes. L'observation est bien ici comme dans les autres sciences, le point de départ, mais elle est tellement simple et le raisonnement y est tellement prépondérant, que nous fortifions surtout notre aptitude à méditer. La précision des résultats, la vérification toujours possible nous permettent de voir facilement si nous avons raisonné avec justesse. C'est donc avec raison qu'Auguste Comte a adopté le mot *Logique* pour désigner la science qui sert de gymnastique intellectuelle. Mais, nous le répétons, le raisonnement ne vient qu'après l'observation. La *mécanique* a pour bases quelques lois expérimentales; la géométrie part aussi de l'observation et le calcul lui-même repose sur quelques faits inductifs. Il n'était point inutile de donner cette explication; nous avons, dès le début, annoncé que toutes les sciences reposaient sur l'observation. Jusqu'à Auguste Comte, on avait supposé que la *mathématique* était une pure création de notre cerveau; la vérité est que les opérations de l'intelligence y tiennent la place importante, mais qu'elles s'appuient sur l'observation.

COSMOLOGIE

La COSMOLOGIE a pour but l'étude des lois du monde inorganique; la distinction entre la matière inorganique et la matière vivante sera bientôt établie. Nous pouvons tout de suite signaler la prépondérance presque infinie de la matière inorganique représentant la masse fondamentale de notre monde. La vie ne peut surgir que sur une portion infiniment limitée. Cette considération nous permet de justifier l'emploi du mot COSMOLOGIE ou étude du monde. La cosmologie se décompose en *Astronomie, Physique* et *Chimie*.

Astronomie.

En *Astronomie*, nous appliquons les théories géométriques et mécaniques à l'étude des conditions générales de la Terre par rapport aux astres de notre système solaire, les seuls qui aient sur nous une influence sensible. La Terre devient donc le centre de nos études astronomiques. Voilà un premier exemple de la discipline, qui résulte de l'emploi de la méthode positive. L'astronomie ne doit avoir d'autre but que de faciliter l'exploration de notre globe et de nous faire connaître les lois qui le dominent.

Si nous étudions l'histoire de l'astronomie, nous sommes amenés à considérer comme une date mémorable la date de sa transformation moderne. La découverte du double mouvement terrestre marque un progrès capital dans notre histoire intellectuelle; c'est à partir de là que l'esprit positif a pris une allure plus rapide.

La conception antique qui faisait de notre Terre le centre de l'univers était compatible avec le théologisme et plus particulièrement avec le catholicisme, qui fait de l'homme le centre de la création. La découverte du mouvement journalier de la Terre sur son axe et celle de son mouvement annuel autour du soleil ont été les premiers coups de pioche donnés dans la construction catholique. Ce n'est pas seulement à cause d'une contradiction avec un texte biblique que l'Eglise a persécuté Galilée, mais par un sentiment très net du danger que sa découverte faisait courir au dogme catholique.

En même temps la théorie de Copernic chassait l'absolu de nos opinions astronomiques, en substituant à la notion indéterminée d'*univers* la notion précise et réelle de *monde*.

Peu nous importe maintenant de savoir quelle est exactement l'importance du soleil et des planètes, par rapport à un ensemble que nous ne pourrons jamais embrasser; ce qui nous importe, c'est l'influence que reçoivent les destinées humaines de la situation astronomique de notre globe.

A cette acquisition philosophique de premier ordre, il faut ajouter la confirmation de l'idée de loi naturelle; la périodicité constante des évènements célestes est bien faite pour éloigner de notre esprit toute apparence de volonté arbitraire. Ajoutons encore que l'examen raisonnable de la réalité nous fait voir l'imperfection évidente de notre monde tout juste assez bien équilibré pour permettre le développement des êtres vivants. Les imperfections de l'ordre astronomique sont nombreuses et frappantes, il faut être ou ignorant ou de mauvaise foi pour les contester. Qu'il nous suffise de citer une capitale défectuosité : une meilleure direction de l'axe terrestre améliorerait considérablement nos conditions climatériques. Cela concorde mal, on le voit, avec la croyance en une création sage et intelligente où tout aurait été aménagé pour le bien de notre espèce.

L'esprit positif doit donc à l'astronomie de nombreux avantages, nous n'en finirions pas si nous voulions les énumérer tous, il est cependant utile de dire quelques mots des perfectionnements que la méthode positive retire de l'étude des corps célestes.

De la méthode en astronomie.

Nous avons déjà dit que l'*observation* était le point de départ de toute conception réelle et sûre, mais nous n'avons pas encore indiqué les faces multiples de la méthode d'observation. Nous allons pouvoir le faire à propos des diverses sciences que nous devons passer en revue ; chacune a sa méthode propre et emprunte aux autres leurs méthodes spéciales.

L'ensemble de la science positive peut donc être envisagé comme ayant deux fins : nous faire d'abord connaître des lois naturelles et fortifier ensuite notre intelligence en nous armant de moyens d'investigation de plus en plus complets.

La part de l'astronomie dans cette dernière direction est de développer surtout l'*observation* proprement dite. En raison de leur masse et de leur éloignement, les corps célestes sont au-dessus de notre action, nous ne pouvons que les observer sans jamais prétendre à les modifier, soit pour découvrir plus facilement leurs lois, soit pour notre utilité. Nous employons donc le mode le plus réduit de recherche borné presque exclusivement à l'observation visuelle.

Mais quelle différence entre l'observation vulgaire et l'observation régulière et raisonnée que nous employons en astronomie? Toutes les précautions sont prises pour ramener les observations individuelles à la plus grande concordance ; nous nous aidons de l'emploi d'instruments graduellement améliorés. L'observation astronomique présente un cachet de sagesse et pour ainsi dire d'impartialité que l'esprit humain doit chercher à imiter dans tous les sujets quelconques, où nous devons autant que faire se peut nous mettre à l'abri des causes d'erreur.

Physique.

La Physique étudie les propriétés des corps telles qu'elles nous sont révélées par nos divers sens. Dans la science précédente le sens de la vue est presque uniquement employé, il n'en est pas de même en Physique. On comprend donc que cette science soit sous la dépendance de notre organisation sensorielle; avec un sens de plus nous aurions une Physique plus complète ; privés d'un sens, au contraire, nous serions comme les aveugles ou les sourds de naissance, étrangers à une branche de la Physique.

La Physique devrait donc compter autant de départements distincts que nous avons de sens distincts ; il n'en est point encore ainsi vu la faiblesse et l'obscurité de quelques-uns de nos sens : le goût, l'odorat... Toute espérance n'est pourtant point perdue et il n'est nullement absurde d'espérer une meilleure constitution de la Physique à la suite de l'invention d'instruments spéciaux nous permettant de remédier à notre insuffisance sensorielle. L'exemple de ce qui a déjà été fait dans les diverses parties de la Physique autorise d'ailleurs une telle espérance. Dans la barologie, dans la théorie de la chaleur, dans l'optique, dans l'acoustique qui correspondent au sens musculaire, au sens de la calorition, à la vue, à l'ouïe, nous remédions à l'imperfection de nos sens par l'emploi de la balance, du thermomètre, des instruments grossissants, du sonomètre, etc.

De la méthode en Physique.

A l'observation proprement dite perfectionnée par l'emploi de divers instruments, la Physique ajoute un procédé nouveau : *l'expérimentation.* Qu'est-ce qu'une expérience ? Réduite à ce qu'elle a d'essentiel, une expérience a pour objet de modifier séparément une ou plusieurs des conditions dans lesquelles s'accomplit un phénomène pour voir l'influence de chaque condition sur le résultat total.

Prenons comme exemple le phénomène d'un corps qui tombe, il s'agit de savoir quelle est l'influence de son poids, de la hauteur de la chute, de la résistance de l'air. Une série d'expériences où nous modifions, soit le poids du corps, soit la hauteur, où nous supprimons la résistance de l'air, nous permettra de découvrir la loi exacte.

On le voit, la méthode positive fait un pas de plus; dans l'*observation* nous sommes passifs, nous ne modifions rien, tandis que dans l'*expérimentation* nous intervenons activement. Le principal est de procéder d'une façon méthodique, en isolant autant qu'on peut les diverses conditions pour juger de leur véritable influence. Les expérimentateurs sagaces sont rares, surtout dans les sciences plus élevées. Dans la science des corps vivants, dans celle des sociétés humaines, la complication des phénomènes y rend l'expérimentation fort difficile. Aussi, sans borner à la Physique l'emploi de cette méthode, on peut dire que c'est dans cette science qu'elle trouve sa principale application.

Chimie.

Comme la Physique, la Chimie étudie les propriétés des corps bruts, non point seulement lorsque leur composition reste fixe, mais lorsque cette composition elle-même se trouve altérée sous l'influence des phénomènes naturels ou artificiels. Découvrir les lois de la composition et de la décomposition, tel est le but de la Chimie.

C'est à l'illustre Lavoisier que nous devons la fondation de la science chimique. Dans sa théorie de la combustion, il a le premier trouvé des lois générales en Chimie; de plus, son analyse de l'air et de l'eau, outre qu'elle a permis de connaître deux corps d'une importance extrême, a préparé l'étude des corps vivants, tous soumis à l'influence dominante de ces deux milieux.

De la méthode en Chimie.

La Chimie n'apporte point à la méthode positive un perfectionnement aussi considérable que la Physique. Comme dans cette dernière science l'expérimentation est en Chimie le principal moyen employé, cependant un procédé nouveau naît : *l'art des nomenclatures*. Ce procédé facilite beaucoup nos recherches en fournissant à l'esprit un puissant moyen de rapprochements et de coordination. La nécessité où se sont trouvés les chimistes modernes de donner un nom à des corps nouveaux ou nouvellement connus les a conduits à employer une langue régulièrement construite. L'art des nomenclatures, qui a pris naissance en Chimie, peut être étendu à toutes les autres sciences; on comprend toute l'utilité de cette langue méthodique où le nom d'un corps nous renseigne tout de suite sur sa composition et ses propriétés générales. Ainsi, le nom : *acide sulfurique*, nous apprend à l'instant qu'il s'agit d'une combinaison d'oxygène et de soufre, que l'oxygène y est dans la proportion la plus forte possible et que le corps a des propriétés qui lui sont communes avec tous les corps désignés par le mot : *acide*.

L'importance du procédé logique dont nous venons de parler est facile à apercevoir; de même que le langage algébrique sert d'appui à notre faiblesse mentale, de même une nomenclature bien faite peut nous aider à faire des rapprochements et à tirer des conséquences avec plus de facilité.

Les trois sciences que nous venons d'examiner et que nous avons groupées sous le terme général de *Cosmologie* ont pour but de nous faire connaître le monde; les trois sciences qu'il nous faut maintenant apprécier nous conduisent à connaître l'homme, c'est pour cette raison qu'Auguste Comte les réunit sous la même désignation générale de *Morale*. Cette distinction entre la Cosmologie et la Morale ne doit pas pourtant nous faire perdre de vue que l'homme est le but de toutes nos recherches et que nous étudions le monde dans lequel nous vivons en raison de son influence sur nous et aussi parce qu'il nous serait impossible de nous élever directement à la plus difficile de toutes les études sans un préambule plus simple. La Cosmologie facilite donc l'étude de la Morale en nous préparant intellectuellement et en nous fournissant des notions indispensables. Sous ce dernier aspect la Chimie, nous l'avons indiqué, est d'une utilité capitale en nous faisant connaître les deux milieux : l'air et l'eau, sans lesquels il n'y a pas de vie possible.

Morale.

La *Morale* se décompose en :
Biologie ou étude de la vie,
Sociologie ou étude des sociétés,
Morale proprement dite ou étude de l'homme.

La sociologie et la morale seront traitées avec plus de développements dans la IIIe et la IVe partie de cet ouvrage, vu leur extrême importance et aussi parce que dans l'œuvre de Comte c'est la partie vraiment originale.

Biologie.

L'étude des lois générales des êtres vivants ouvre directement le chemin qui nous conduit à connaître l'homme, le plus compliqué et le plus parfait des êtres vivants, en le considérant dans la totalité de son organisation.

Cette science de la vie n'est devenue positive que depuis la fin du dernier siècle et le commencement de celui-ci. Parmi les grands esprits qui ont le plus contribué à son établissement il faut mettre en tête Bichat dont le génie coordinateur a su démêler les lois fondamentales de la vie dans un inextricable enchevêtrement de faits. Préparée par la Chimie, la Biologie se rattache directement à la fondation de la science sociale et de la Morale ; les recherches sociologiques et morales ont échoué au XVIII° siècle faute de cette base biologique. Nous allons donc consacrer un peu plus de place à l'examen de la Biologie.

De la méthode en Biologie (comparaison).

Parlons d'abord du perfectionnement considérable que la méthode positive reçoit en Biologie. Indépendamment des procédés de recherche que nous connaissons déjà, la Biologie emploie une méthode très féconde et qui lui est propre : la *méthode comparative*. Grâce à l'emploi de cette méthode, nous avons pu étudier les animaux supérieurs et notamment l'homme. Au lieu de chercher à comprendre les phénomènes vitaux dans leurs manifestations les plus complexes, la comparaison nous fait les étudier d'abord chez les êtres les plus simples ou à une période où l'être vivant n'a point encore acquis son dernier développement. Nous avons été conduits à classer les êtres vivants selon leur degré de complication. Cette échelle des êtres nous sert à découvrir par comparaison des lois qui sans cela seraient restées inconnues si on avait voulu aborder d'emblée leur étude chez l'homme et chez les animaux supérieurs.

Appliquée rudimentairement, quoique sous toutes ses faces, par le grand penseur grec Aristote, la méthode comparative ne pouvait prendre toute son extension qu'après l'abandon des préjugés chrétiens sur la différence radicale qui était censée exister entre l'homme et les animaux. Le déclin du catholicisme et l'émancipation qui résultait de tout le travail philosophique du XVIIIe siècle coïncident effectivement avec l'essor des études biologiques. La construction d'une vaste échelle allant du plus simple végétal jusqu'à l'homme était donc le seul procédé scientifique pouvant nous faciliter la connaissance des phénomènes vitaux. Il est bon de faire remarquer, à ce sujet, que cette échelle vitale ne doit point nous faire adopter des hypothèses plus ou moins risquées sur l'origine et la succession des êtres vivants. Ce serait sortir du domaine positif pour entrer dans la fiction. En considérant la série vitale comme représentant réellement la succession des êtres on pourrait les déduire tous d'une organisation élémentaire, nous retomberions ainsi dans la recherche des causes premières ; ce serait absolument contraire à la sagesse scientifique. La science positive ne prétend nullement expliquer l'origine et la fin des choses, elle n'a point pour but d'édifier une nouvelle génèse, il faudrait sortir des limites que nous imposent l'observation et l'expérience.

Méthode pathologique.

Nous n'aurions pas complètement indiqué les progrès de la méthode en Biologie si nous ne parlions pas du caractère spécial que prend, dans cette science, l'*expérimentation*. Dans une expérience, avons-nous dit, nous faisons varier une ou plusieurs des conditions dans lesquelles s'accomplit un phénomène ; quand il s'agit des êtres vivants, il est possible de modifier certaines circonstances, mais la complication et la connexité des organes est telle qu'il est bien difficile de régler exactement notre intervention. D'un autre côté, pour l'espèce humaine et pour les espèces voisines, l'expérimentation directe offre un caractère antisocial et barbare qui doit de moins en moins nous faire employer un tel procédé. L'étude des maladies est tout aussi instructive sans avoir les mêmes inconvénients ; une maladie est une véritable expérience naturelle qui nous permet de voir l'influence de telle ou telle altération et de juger des rapports qu'ont entre elles les fonctions vitales. Mais, en voilà assez sur la méthode en Biologie ; résumons brièvement l'ensemble de cette science si intéressante et qui a ouvert à l'esprit humain de nouveaux horizons. L'astronomie par la conception relative de notre Monde a ruiné les conceptions absolues du théologisme, la Biologie fait faire à notre esprit un pas non moins considérable. L'impossibilité de faire découler l'étude des êtres vivants de celle des corps bruts nous montre l'impossibilité de connaître exactement l'origine des êtres, nous devons donc nous contenter de notions relatives. En d'autres termes, si l'astronomie discrédite l'absolu objectif en faisant voir l'impossibilité de trouver en dehors de nous un astre qui soit le véritable centre de tout, la Biologie doit discréditer l'absolu subjectif en nous montrant l'impossibilité de déduire toutes nos connaissances les unes des autres. Si l'esprit humain avait voulu persister dans la chimérique poursuite de ce problème insoluble : déduire les lois de la vie des lois cosmologiques, nos études réelles sur l'homme auraient été arrêtées dès le début.

Soumis aux mêmes lois que les corps bruts, les corps vivants offrent pourtant de radicales différences et obéissent à des lois qui leur sont propres et que nos efforts ne feront très probablement jamais rentrer dans les lois inorganiques. Quoi qu'il en soit, nous avons très sagement agi de ne point attendre la solution de cette difficulté pour étudier les lois de la vie et acquérir ainsi des notions d'une utilité considérable. Une pareille disposition est caractéristique de l'état positif, et il n'est pas inutile de revenir sur ce point ; nous nous servons de nos faibles moyens non pour le plaisir de savoir et de connaître, mais pour résoudre avec une plus ou moins grande approximation les problèmes qui nous intéressent le plus.

Lois de la végétalité.

La Biologie a pour but de découvrir les lois générales de la vie, d'après la définition déjà donnée. Les plus générales de ces lois sont celles qui nous paraîtront dominer tous les êtres vivants quelconques depuis les plus simples jusqu'aux plus compliqués. Si nous étudions donc les manifestations de la vie chez les êtres les plus simples, chez ceux où elle est, pour ainsi dire, réduite au minimum, nous serons assurés de trouver là les faits généraux de l'existence vitale. Les lois de la végétalité représentent les lois biologiques les plus générales, puisque les végétaux sont les êtres organisés le plus simplement, on peut condenser les lois de la végétalité dans les trois lois suivantes :

1° Tout être vivant est dans l'absolue obligation de se nourrir, d'emprunter des matériaux au monde extérieur, de s'assimiler une partie de ces matériaux et de rejeter l'excédant ;

2° Tout être vivant suit une évolution fatale : il croît, décroît et meurt. Quand l'absorption l'emporte, il croît, il décroît au contraire quand la désassimilation prend le dessus ;

3° Tout être vivant enfin tend à produire un être semblable à lui.

Cette dernière loi repose sur une immense série d'observations universelles. Nous pouvons donc affirmer d'une manière générale que les espèces végétales et animales sont fixes ; les exceptions opposées à cette règle sont d'ailleurs tellement confuses et tellement rares qu'elles n'infirment en rien la loi générale. Il est bon d'ajouter que la fixité est parfaitement compatible avec la modificabilité ; dans les limites de leur organisation tous les êtres vivants sont modifiables. L'intervention de l'homme doit consister à utiliser cette modification possible, soit pour améliorer nos substances alimentaires ou nos agents animaux, soit pour modifier l'homme lui-même.

Lois de l'animalité.

Aux trois lois fondamentales que nous venons d'énoncer se subordonnent les lois suivantes qui se rapportent aux êtres doués d'une vitalité supérieure, ce sont les lois de l'animalité. Les animaux en plus de la nécessité où ils sont d'emprunter comme les végétaux des éléments à l'air, à l'eau et au règne minéral, doivent pour vivre s'assimiler des substances ayant déjà vécu, végétales ou animales. Cette nécessité implique l'aptitude à discerner ces aliments et le pouvoir de les saisir ; de là deux ordres de fonctions nouvelles, les *sensations* et les *mouvements* qui distinguent nettement les animaux des végétaux. Les lois de l'animalité sont relatives à ces deux ordres de fonctions, il nous suffira de les énoncer, ce sont d'ailleurs des faits généraux confirmés par l'observation journalière.

1. Les fonctions de la vie animale sont intermittentes, à une période d'activité succède une période de repos.

2. Elles sont susceptibles de perfectionnement par l'exercice ou d'anéantissement graduel par défaut d'exercice.

Ajoutons pour compléter cette loi de l'exercice que *la modification est surtout possible dans la période de croissance.*

3. L'hérédité fixe chez les descendants les progrès ou les changements obtenus par un exercice suffisant ou insuffisant.

Le perfectionnement des différentes espèces animales et celui de l'espèce humaine en particulier, reposent sur cette loi. La continuité sociale a considérablement facilité l'amélioration de notre espèce en dirigeant toujours dans le même sens les modifications individuelles. Notre supériorité tient donc bien plus à notre aptitude à vivre en société qu'à la nature de notre organisation. Le progrès individuel se trouve donc intimement lié au progrès social tellement que la question de l'amélioration sociale paraît se confondre avec celle de l'amélioration individuelle. Les deux sciences que nous allons étudier : la *Sociologie* et la *Morale* sont connexes, cela explique pourquoi les deux aspects sociologique et moral se mêlent si souvent.

La science sociale doit conduire à l'amélioration des rapports sociaux pour permettre l'épanouissement complet de la nature humaine ; la science morale, par contre, conduit à modifier l'homme de manière à consolider les liens sociaux.

III.

LA SOCIOLOGIE

L'étude des sociétés humaines et celle de leur marche historique doivent précéder l'étude de l'homme parvenu à l'état où nous le trouvons dans les sociétés civilisées. Cette obligation paraîtra nécessaire à tout esprit attentif en considérant l'immense différence qui sépare l'homme civilisé des populations primitives. Si notre développement intellectuel et moral ne dépassait pas celui des Esquimaux ou des Fuégiens, nous n'aurions nullement besoin de faire précéder la Morale de la Sociologie. Il est vrai que les lois de nos facultés supérieures seraient bien difficiles à découvrir dans cette hypothèse. Mais heureusement, il n'en est point ainsi ; à la suite d'une longue évolution sociale, nos dispositions intellectuelles et morales se sont considérablement améliorées ; il faut donc étudier préalablement l'organisation et l'histoire des sociétés, pour juger l'homme dans son état présent de civilisation.

Le premier pas en *Sociologie* a été, comme dans bien des cas, le plus difficile à faire : concevoir que les phénomènes sociaux sont assujettis à des lois naturelles, voilà le point de départ qui a permis de porter la lumière scientifique dans cet ordre de faits.

On a d'abord attribué aux faits sociaux une dépendance surnaturelle ; ils étaient conçus comme émanant de la volonté de plusieurs dieux ou d'un seul. L'abandon des hypothèses théologiques a jeté l'esprit humain dans une voie toute différente, et c'est maintenant une opinion fort accréditée, que nous pouvons à notre gré modifier les phénomènes sociaux. La volonté arbitraire des dieux a été remplacée par la volonté non moins arbitraire des législateurs ou de la masse du public qui les fait surgir. Cette manière de voir est tout aussi peu fondée que la théorie des volontés divines. En réalité, nous ne pouvons pas plus violer les lois naturelles des sociétés, que nous ne pouvons violer les lois astronomiques, physiques ou chimiques. L'esprit positif doit prolonger jusqu'en Sociologie les saines habitudes qui ont donné des résultats certains dans les autres branches de nos connaissances : examen sérieux et approfondi des faits, pour en dégager les lois générales, et sage résignation envers ce qu'elles ont d'immodifiable. Quoiqu'il doive nous en coûter beaucoup de renoncer à l'espoir de modifier à notre convenance l'organisation et la marche des sociétés, nous devons, comme pour les faits de la nature inorganique, nous borner à découvrir ce que cette organisation et cette évolution ont de fondamental pour nous y conformer, tout en cherchant à perfectionner l'ordre naturel là où la modification est possible. En d'autres termes, les sociétés humaines tendent vers une organisation que nous pouvons troubler, mais non renverser ; elles suivent une marche nécessaire qui peut être ralentie ou accélérée, mais dont la direction ne peut être changée. C'est au nom de ce principe capital qu'on peut considérer, avec un égal dédain, les tentatives chimériques qui méconnaissent les conditions inéludables de l'ordre social, et les coupables efforts qui voudraient opposer une barrière au progrès de notre espèce.

De la méthode en Sociologie (méthode historique).

Il ne faut pas nous contenter d'affirmer cette vérité importante que les phénomènes sociaux obéissent à des lois, il faut donner une démonstration sommaire et parler préalablement de la méthode en Sociologie. Comme dans les autres sciences, c'est toujours l'observation qui conduit à la découverte des lois; mais en Sociologie, l'emploi de la méthode positive est vraiment d'une excessive difficulté. L'observation directe est souvent, presque toujours même, accompagnée des observations qui nous sont léguées par nos prédécesseurs; de là, nécessité d'une saine critique des documents historiques, nécessité de comparer ces documents, de tenir compte de l'époque, des lieux, des dispositions personnelles du narrateur, etc.

Conçue ainsi, l'observation des faits sociaux prend un caractère distinct, et ajoute à la méthode positive un élément nouveau : la *méthode historique* ou méthode de filiation. Cette méthode doit trouver un emploi dans toutes les autres sciences; il est clair que la filiation des découvertes peut nous éclairer sur la liaison que les théories ont entre elles et par suite sur les rapports des phénomènes dont elles s'occupent.

La Sociologie se décompose en trois théories générales :

1. Théorie de l'Organisation — ou de l'ordre;
2. Théorie de l'Equilibre;
3. Théorie de l'Evolution — ou du progrès.

Organisation sociale.

A quelque degré de civilisation que nous examinions les sociétés en *tous temps*, en tous lieux, nous constatons qu'il y a toujours une certaine organisation fixe.

Cette organisation est plus ou moins parfaite; mais dans la diversité de tous les groupements sociaux il y a des caractères constamment les mêmes qui représentent les éléments sans lesquels une société ne pourrait s'établir et persister. Il était fort difficile de démêler dans les faits sociaux ces conditions fondamentales d'organisation; mais, une fois reconnues, il serait aussi puéril de s'insurger contre elles que de s'insurger contre la loi de la pesanteur. Les habitudes actuelles sont assez réfractaires à cette manière de concevoir les faits sociaux, mais il ne faut ni s'en étonner, ni s'en affliger outre mesure : depuis si longtemps on est accoutumé à regarder les faits d'ordre politique et social comme échappant à toute loi régulière et la découverte d'Auguste Comte est relativement si nouvelle et si peu connue !

Propriété.

De même que pour tout être vivant les besoins fondamentaux de nutrition priment tous les autres, de même le fondement de toute société repose sur la propriété matérielle où nous trouvons la satisfaction indispensable de nos besoins les plus urgents. Que cette propriété soit plus ou moins fixe, plus ou moins assujettie à des déterminations précises, il n'en est pas moins vrai que l'existence sociale est inconcevable sans ce fondement naturel. Au début de la civilisation, chez les peuplades vivant de chasse ou de pêche, la propriété est assez vaguement constituée, à part les armes ou les ustensiles divers, vêtements, etc.; le sol est alors une propriété mal définie, pourtant la tendance à considérer comme appartenant à la tribu tel ou tel territoire est facile à constater. Les luttes initiales ont pour objet la jouissance d'une portion du sol.

Quand les arts agricoles surgissent, la propriété s'organise plus fortement et progressivement, nous arrivons à la constitution moderne de la propriété avec son immense attirail de lois codifiées. L'emploi, l'usage, la transmission, tout se précise, se détermine. Par un sentiment très juste de la réalité, on est partout disposé à donner à cette organisation de la propriété une portée capitale; en effet, toute l'organisation sociale repose sur la propriété, et cela tient à des nécessités auxquelles nous ne pouvons nous soustraire : il faut régler l'appropriation d'où dépend notre nourriture et notre vêtement.

Les esprits sont fort divisés à l'heure présente sur cette question de la propriété. Comment doit-elle être organisée ? Faut-il accepter tout ce qui existe dans l'organisation actuelle, ou bien pouvons-nous à notre gré instituer la répartition des capitaux ?

Le Positivisme prend place entre ces deux tendances. Dans la répartition actuelle, il y a des faits contre lesquels il est hors de notre pouvoir de réagir, ils dépendent de la constitution de la nature humaine et des lois fatales de l'ordre social. Par contre, il y a des modifications, des améliorations qui dépendent de nous-mêmes et qui peuvent être légitimement poursuivies.

Voyons d'abord ce que nous devons accepter comme la résultante de lois naturelles, en nous appuyant sur l'observation des faits réels. En premier lieu, et nous venons de l'indiquer, on conçoit qu'il y a nécessité absolue à ce qu'une certaine partie du capital reçoive une appropriation individuelle : la diversité des individus interdit l'usage collectif des vêtements, la collectivité du logement est également impossible pour bien des raisons. Auguste Comte a fort justement fait voir que le plus modeste travailleur devait finalement avoir la possession de son domicile. Dans les grandes villes où malheureusement la chose est difficile mais non impossible, la majorité des habitants ne possède pas son logement, cependant la jouissance en est garantie et respectée. Sur ce dernier point, il n'y a jamais eu contestation; quoi qu'il en soit, il y a donc une partie du capital ou de la propriété qui ne peut être collectivement possédée. Mais, il y a plus, l'appropriation individuelle doit s'étendre à une portion plus considérable, il faut premièrement tenir compte de l'infériorité sociale de l'homme, chez qui les impulsions égoïstes seront toujours très énergiques. L'intérêt sera, quoi qu'on fasse, le plus puissant stimulant de notre activité pratique. Vouloir s'opposer à cette fatalité est une chimère. Ne pouvons-nous point, en l'acceptant, la faire concourir au bien général? En fait, l'homme laborieux, fût-il poussé par la seule cupidité, ne peut jouir à lui tout seul des produits de son travail, il produit plus qu'il ne consomme. C'est là un fait indiscutable; notre existence, autrement, serait bien plus pénible, et il n'y aurait de place sur terre que pour les forts. La société retire donc des avantages certains de l'appropriation individuelle, poursuivie presque toujours sous une impulsion égoïste, lorsque le capital acquis ainsi est convenablement mis en œuvre. La richesse entre des mains oisives ne rend évidemment aucun service social, nous indiquerons bientôt comment on peut réduire de plus en plus les abus de cette nature.

L'appropriation individuelle du capital est nécessaire à un autre point de vue; si l'on observe ce qui se passe dans la vie pratique, on constate qu'il n'y a pas d'opération de quelque importance, nécessitant le concours de plusieurs individus, qui soit possible sans une direction.

Ce qui paraît indispensable pour les choses militaires est non moins indispensable dans la vie agricole ou industrielle; dans tous les cas, il faut une direction; sans elle, les opérations correspondantes s'accomplissent mal ou pas du tout. Remarquons, en outre, que l'avènement de la grande industrie et l'introduction des machines ont rendu cette nécessité d'une direction encore plus évidente. Nous ne voulons en aucune manière justifier l'introduction mal réglée et trop hâtive de la grande industrie, mais il faut prendre les faits comme ils sont.

D'ailleurs, avec le petit patronat, le phénomène était identique sauf l'intensité : avec la grande industrie, les patrons sont moins nombreux et plus puissants; ils peuvent plus facilement abuser, mais on peut espérer de les modifier plus aisément qu'une masse nombreuse de petits patrons.

Une fois admise, cette nécessité d'une direction dans toutes les opérations pratiques, la concentration des capitaux en est la conséquence. Dans la vie industrielle, l'autorité ne peut provenir que de la richesse; tout autre moyen de faire surgir les patrons serait illusoire : l'examen des aptitudes est absolument impraticable, cela ne peut se juger qu'aux résultats. Faisons donc la part de ce qui est inévitable et ne cherchons point à bouleverser un ordre naturel qui se rétablirait toujours, en vertu des mêmes lois qui l'ont institué; mais, au lieu de chercher à résoudre cet insoluble problème, de répartir le capital de la meilleure manière possible, cherchons à mieux régler l'emploi de ce capital. Dans cette voie, nous pouvons beaucoup, profitons-en, pour améliorer ce qui dépend de notre intervention.

Comment arriver à cette amélioration? Nous allons probablement faire sourire les partisans de mesures violentes : — le Positivisme place en première ligne l'amélioration intellectuelle et morale des patrons et des ouvriers. En fin de compte, tout revient à cela, si vous voulez qu'une fonction soit bien remplie, il faut d'abord améliorer le fonctionnaire. Le Positivisme conçoit toutes les fonctions comme publiques, ce qui est bien la vraie réalité, nous travaillons tous bon gré mal gré, consciemment ou inconsciemment, pour les autres. Cette notion précise que nous remplissons tous un rôle social, bien comprise, serait déjà un premier pas vers l'amélioration intellectuelle et morale des patrons et des ouvriers. En élevant tous les individus à la dignité de fonctionnaires publics, on obtiendrait évidemment plus de dignité et un meilleur concours.

La nécessité d'améliorer les conceptions intellectuelles paraîtra d'autant plus urgente, qu'il n'est pas rare de trouver chez les patrons et chez les ouvriers de bonnes dispositions morales. La grande possession agricole, la grande industrie, le grand commerce, nous ont souvent donné l'exemple de chefs véritablement moraux et bienveillants. A un certain degré de richesse, les seules satisfactions possibles et durables viennent des sentiments affectueux et bienveillants. Ce qui manque donc, ce sont des vues réelles, une meilleure théorie de la richesse, du salaire. Quand patrons et ouvriers accepteront ces deux maximes positives :

La richesse est sociale dans sa source et doit l'être dans sa destination,

Le salaire a pour but de permettre à l'ouvrier de bien remplir sa fonction industrielle et d'élever convenablement ses enfants,

alors une grande partie des difficultés de notre situation

économique se trouveront évitées ou tout au moins conjurées dans la mesure du possible.

De même, quand l'emploi industriel des femmes sera repoussé par les ouvriers et les patrons pour des raisons que nous donnerons bientôt, l'affreuse situation des prolétaires dans les grands centres industriels se trouvera considérablemet améliorée.

Et qu'on n'aille pas croire que l'influence des convictions communes manifestées par l'opinion publique soit peu efficace. Nous obéissons le plus souvent à des préjugés absurdes. Comment voulez-vous, par exemple, qu'un riche oisif soit disposé à changer de vie, quand l'opinion conrante l'approuve le plus souvent. Qui de nous n'a pas entendu, à propos d'un riche laborieux, cette exclamation : A sa place je ne travaillerais pas!

Quant au gaspillage des capitaux, au profit de jouissances purement égoïstes, la locution courante : faire aller le commerce excuse tout.

Il en serait tout autrement si le public accueillait ces divers abus par le mépris. A l'appui encore de notre thèse, nous pouvons ajouter que le travail aux pièces, si contraire à la saine théorie du salaire, a été réclamé par les ouvriers eux-mêmes et imposé par des grèves. C'est au moment où les forces des prolétaires sont stationnaires ou diminuent, que les charges augmentent le plus souvent, et l'accomplissement complet de leur fonction se trouve alors entravé.

L'emploi des femmes dans l'industrie est également encouragé par un grand nombre d'ouvriers; si les corporations où les femmes viennent faire concurrence aux hommes repoussent cette introduction, il n'en est pas moins vrai qu'individuellement beaucoup d'ouvriers laissent leurs femmes se diriger vers les usines ou les fabriques.

Donc, il est indispensable pour le bon emploi du capital, — la seule chose que nous puissions efficacement régler, — que nous poursuivions l'amélioration intellectuelle et morale des patrons et des ouvriers. Pour des esprits émancipés de toute croyance arbitraire, il est sûr que nous ne devons rien attendre que de nos propres efforts. Le bonheur social ne nous viendra pas du ciel, pas plus qu'il ne résultera d'un décret ou d'une décision législative; en devenant plus intelligents, plus sobres, nous approcherons certainement du but autant qu'il est en notre pouvoir de le faire.

Famille.

Dans toutes les sociétés quelconques, même animales, il y a toujours une certaine organisation familiale; nous trouvons dans la série animale une ébauche de la Famille, dès que les sexes sont nettement séparés, et chez quelques espèces peu sociables, la Famille surgit avec une organisation presque complète. Considéré dans son dernier état de développement, le groupe familial nous présente l'image réduite de la société. Nous allons détailler les divers éléments qui constituent une Famille complète : le mâle et la femelle ou le père et la mère, les descendants et les ascendants. Ce dernier élément suppose déjà un état social assez avancé; au début, les vieillards sont éliminés soit violemment soit par défaut d'entretien. En raison de leurs aptitudes propres, les éléments de la Famille ont chacun des attributions distinctes. Au père appartient la principale action extérieure, soit militaire, soit agricole, soit industrielle. A la mère les soins intérieurs, l'action affectueuse, l'éducation physique et morale des enfants ; pour ceux-ci, pendant la période d'éducation, ils exercent sur la Famille une action bienfaisante, en développant l'attachement et la bonté chez le père et la mère. Quant aux vieillards, le déclin des forces musculaires les rendant de moins en moins propres à l'action extérieure, leur influence dans la Famille est surtout intellectuelle et morale ; leur expérience, leur disponibilité forcée, l'assoupissement des passions les plus énergiques, les rendent surtout propres au conseil, à la direction spirituelle de la Famille. Les premiers penseurs, les premiers prêtres, ont été presque partout des vieillards. Dans les castes sacerdotales, les fonctions les plus élevées échoient en général aux plus anciens, et on comprend aisément qu'il devait en être ainsi à une époque où le savoir transmissible était peu de chose par rapport à l'expérience personnelle.

L'énumération que nous venons de faire des éléments normaux de la Famille et le rôle que nous avons assigné à chacun représente l'organisation vers laquelle convergent tous les efforts de la civilisation.

Le rôle de la femme, délivrée de tout travail extérieur pour se consacrer au foyer domestique, est bien celui que les tendances des populations civilisées veulent lui donner. La nature féminine est d'ailleurs pleinement en rapport avec cette noble fonction ; plus faible corporellement et intellectuellement que l'homme, elle est mieux douée que lui au point de vue affectif. C'est donc méconnaître à la fois les conditions de l'organisation de la femme et le progrès social, que de poursuivre sa prétendue émancipation politique, et de pousser à son emploi dans l'industrie ou dans les services publics.

L'homme doit nourrir la femme, selon la devise positiviste, pour qu'elle puisse se livrer tout entière aux soins domestiques et à l'éducation des enfants. Il faut tendre de plus en plus à consolider les liens familiaux, au lieu de les dissoudre selon les dispositions actuelles qui, sous prétexte de progrès, nous ramèneraient aux âges barbares. L'intensité de ces liens est caractérisée par la forme que prend successivement le mariage dans notre évolution historique ; on peut affirmer que l'état parfait, celui qui résultera d'une constante marche en avant est la *monogamie* complète. D'après la belle vue d'Auguste Comte, l'union doit finalement devenir intime, à ce point que la mort elle-même ne pourra la rompre.

Gouvernement.

Il est aussi contradictoire de concevoir une société sans gouvernement que de concevoir un homme sans cerveau. Le gouvernement est aussi indispensable pour coordonner et maintenir la vie sociale que l'est le cerveau pour coordonner nos sensations et nos mouvements. D'ailleurs, indépendamment de cette impossibilité *a priori*, si nous sommes fidèles à la méthode positive, l'observation nous montre qu'à toutes les époques et dans tous les pays, les sociétés humaines ont toujours eu à leur tête cet appareil régulateur. Dans la simple famille l'autorité paternelle fournit le type du gouvernement, type qu'on a toujours essayé de réaliser dans la société et où la bonté s'allie à la fermeté. Quand la chasse et la guerre sont les principales occupations, le gouvernement appartient naturellement aux plus forts, aux plus adroits ou aux plus énergiques. Il ne faut point trop mépriser ce début de l'organisation sociale ; l'autorité qui s'impose d'abord brutalement finit par être acceptée sans contrainte et des opérations collectives importantes et utiles peuvent être entreprises. Sans cela, l'espèce humaine serait restée dans un état inférieur voisin de celui des grands carnassiers.

Sous des chefs vaillants et courageux, l'homme primitif a pu vaincre les résistances animales et prendre la prépondérance terrestre que des efforts individuels isolés n'auraient jamais procurée. Cette concentration des efforts humains indispensable au début ne l'est pas moins à notre époque où la multiplicité croissante des fonctions sociales exige une constante réaction de l'ensemble ou du gouvernement sur les parties. On peut passagèrement déplorer les excès ou les abus de la fonction gouvernementale, mais nous devons nous incliner devant cette loi naturelle que l'organisation sociale est incompatible avec l'absence de direction. L'aversion que quelques esprits éprouvent à l'égard des vues ci-dessus tient à des circonstances locales et transitoires. Nous marchons, d'ailleurs, vers un état où la fonction du gouvernement doit se limiter à un nombre assez restreint d'attributions : l'administration des finances, celle des grands services publics de communication, la police, la justice formeront la plus importante partie de l'action gouvernementale. On peut assurer qu'en France l'influence exagérée et perturbatrice du parlementarisme tend à distraire beaucoup trop le pouvoir de ces utiles attributions. Nous sommes trop gouvernés dans un grand nombre de cas où l'intervention du pouvoir est inutile ou nuisible et pas assez quand il s'agit de choses dont l'utilité n'est contestée par personne.

L'action au gouvernement ramenée à ce qu'elle doit avoir de légitime doit aussi être débarrassée de toute ingérence spirituelle ; le concours qui résulte de convictions communes ne peut être que volontaire. Les convictions ne s'imposent pas, mais s'obtiennent par la persuasion ; la créance qu'on accordait autrefois à la théologie n'est maintenant accordée qu'à la science et à la démonstration, nulle force ne pourra détourner la marche des esprits. Le théologisme doit donc renoncer à l'appui du pouvoir temporel ; de même, les penseurs, les philosophes, les savants qui aspirent à prendre la direction intellectuelle devront tout attendre de la persuasion. Le pouvoir temporel se trouvera ainsi peu à peu dégagé d'occupations encombrantes et pour lesquelles il est mal préparé. En résumé, nous croyons qu'une juste conception du rôle du gouvernement dissipera des appréhensions souvent excusables.

Langage.

Nous trouvons également à tous les états de civilisation cet élément fondamental ; il faut en effet qu'il existe entre les divers membres d'une même société des moyens de communication et de transmission de nos idées et de nos sentiments. D'une manière générale, le *langage* doit être considéré comme renfermant : la mimique, la langue parlée et écrite et aussi les divers beaux-arts.

La mimique ou langue universelle nous permet de communiquer avec les espèces animales suffisamment élevées ; elle consiste à simuler par des gestes certains actes. La mobilité et l'expressibilité du masque humain nous donnent, sous ce rapport, une grande supériorité sur les animaux.

La langue parlée primitivement émanée du cri est un puissant moyen de communiquer nos sentiments et nos idées, mais elle s'adresse avec plus de force aux sentiments ; de là sa supériorité quant à l'influence immédiate sur nos semblables. Nos organes vocaux sont doués d'une très grande souplesse, ils traduisent nos plus fugitives émotions qu'ils éveillent chez les autres.

La langue écrite d'abord hiéroglyphique représente les objets dont elle veut s'occuper, elle devient phonétique et représente alors les sons de la langue parlée.

Les beaux-arts se lient étroitement aux formes du langage ci-dessus énumérées, tellement qu'on peut dire, par exemple, que le chant a précédé le langage vocal en concevant celui-ci comme un cri perfectionné ou un chant rudimentaire et que le dessin a précédé l'écriture, puisque celle-ci commence par un dessin imparfait.

Il est donc certain que les beaux-arts se rattachent directement aux différents langages ; la poésie emploie la langue parlée et écrite en la rendant plus harmonieuse et mieux rythmée ; la musique perfectionne aussi la langue parlée dont elle procède, elle a pour base le chant qui emploie des sons régulièrement formés et régulièrement enchaînés ; les arts de la forme perfectionnent aussi le dessin initial qui a servi de première langue écrite.

Nous ne pouvons approfondir davantage l'étude des quatre éléments de toute organisation sociale, mais nous en avons assez dit pour faire voir que cette organisation n'est nullement arbitraire, le contraire serait d'ailleurs difficile à imaginer. Les sociétés sont composées d'êtres soumis à des lois invariables, elles doivent obéir nécessairement elles-mêmes à des lois précises.

De l'Equilibre social.

Religion.

Les membres de toute société quelconque sont liés entre eux par des opinions et des pratiques communes ; l'association ne pourrait persister s'il n'y avait pas un certain minimum de convictions partagées par tout le monde. Auguste Comte a qualifié de *Religion* ce lien général, qui donne aussi à l'individu isolé une certaine fixité, rend sa vie pratique et ses opinions homogènes ; le sens étymologique du mot employé par Auguste Comte est donc complètement respecté.

Que la religion s'appuie sur des vues surnaturelles ou sur des vues réelles, que les pratiques soient superstitieuses ou raisonnables, il n'en est pas moins vrai qu'il n'y a pas de société sans religion. Dans les époques les plus troublées où le nombre des croyances communes descend à sa limite extrême, il est encore facile de constater la vérité de cette proposition. La minorité, elle-même, qui cherche à dissoudre les croyances dominantes est reliée par des opinions communes. Penser qu'il faut tout renverser et substituer un ordre meilleur à l'ordre ancien, cela suffit pour établir dans une collectivité d'individus des sentiments, des croyances et des pratiques communes. Il faut autre chose pour maintenir longtemps l'union, aussi à côté des tendances révolutionnaires il y a toujours des dispositions, plus ou moins vagues, à déterminer l'ordre nouveau qu'on veut établir. De nos jours, chez les plus ardents négateurs et révolutionnaires, on éprouve le besoin de s'entendre sur autre chose que sur des négations, de remplacer les cérémonies théologiques par d'autres plus en rapport avec notre raison.

En observant le passé, principalement aux époques où les différents éléments : propriété, famille, gouvernement, langage, ont entre eux une liaison durable, nous voyons que l'équilibre entre ces diverses forces élémentaires a toujours été maintenu par un ensemble de notions et de pratiques universelles. A tel état de la propriété, de la famille, du gouvernement, correspond un état religieux particulier nullement arbitraire. Les rapports que les forces sociales ont les unes avec les autres sont dépendants de la religion dominante, à ce point que la théorie de l'évolution sociale va se borner, dans sa partie principale, à consulter l'histoire de l'évolution religieuse. En précisant encore, nous pouvons réduire cette évolution religieuse à l'évolution intellectuelle. Le fonds de toute religion consiste dans les opinions que nous avons sur le monde et sur l'homme. Les pratiques, le culte changent aussi, mais comme les moyens sont à peu près les mêmes partout, les changements sont peu sensibles. Ce qui caractérise donc surtout une époque religieuse, ce sont les notions générales, les croyances dominantes.

Evolution sociale.

L'idée de la progression constante de l'espèce humaine vers un état de plus en plus parfait est aujourd'hui généralement admise et repose sur une immense vérification expérimentale. Quelles que soient les perturbations et les crises transitoires, les générations humaines peuvent vérifier, dans leur existence relativement courte, la loi générale du progrès qui se manifeste tantôt sous l'un des aspects de notre vie tantôt sous un autre. Cette notion de *progrès* conduit quelquefois à des illusions peu scientifiques dont il faut parler. De ce que le mouvement en avant est continu, on conclut à tort que le progrès est illimité. L'idée mathématique de limite est cependant applicable en sociologie; le progrès quoique continu a pour bornes les lois générales de notre organisation et celles du monde dans lequel nous vivons. Le danger de la conception utopique du progrès est considérable, elle peut nous amener à poursuivre des modifications contradictoires avec les lois fondamentales de l'organisme social, à méconnaître les conditions d'ordre, à nous insurger inutilement contre des faits naturels. Un autre danger de la notion fausse qu'on a quelquefois du progrès consiste à accepter comme des améliorations réelles tous les changements quelconques.

Quoi qu'il en soit de ces divers dangers, il est certain que notre évolution tend vers un état meilleur et que, contrairement à la théorie catholique, le type de la vie sociale doit être placé dans l'avenir et sur notre terre. Il est téméraire et antisocial de placer le bonheur dans un monde extra-terrestre sur lequel personne encore ne nous a apporté de renseignements et cela surtout quand la vue exacte des choses nous dévoile l'évidente ascension de l'Humanité vers un état meilleur.

Voyons maintenant quelle est la loi générale de la marche en avant des sociétés ; nous avons dit plus haut que l'évolution religieuse nous donnait toujours la mesure exacte du progrès, puisque la religion a toujours représenté la coordination des diverses forces sociales.

Loi des trois états.

Auguste Comte a démontré que les états religieux divers se succédaient de la manière suivante :

Fétichisme.
Théologisme.
Positivisme.

Ce qui doit caractériser surtout ces états religieux, nous venons de l'indiquer, ce sont les opinions qui dominent sur l'homme et sur ce qui l'entoure. Chaque phase religieuse a donc une manière spéciale de philosopher ; nous allons les examiner séparément et de cet examen devra résulter la démonstration que la loi de Comte est bien fondée sur l'examen exact de la réalité.

Fétichisme.

Cette période initiale, non seulement de l'espèce, mais aussi de l'individu, mais aussi des animaux supérieurs qui la dépassent à peine, consiste à supposer que les corps qui nous entourent ont des volontés analogues aux nôtres. Pour l'enfant du premier âge comme pour l'homme primitif, tout vit, tout est animé envers nous de sentiments d'affection ou de haine. Les fétichistes confondent l'activité avec la vie ; il n'y a là qu'une différence de degré : tous les corps sont actifs, ils ont tous des propriétés qui peuvent nous affecter, mais tous ne sont pas organisés comme la matière vivante qui présente un mode d'activité infiniment plus compliqué.

La période normale et durable du fétichisme en tant que religion pouvant réunir un grand nombre d'adhérents, et convenir à des populations distinctes, est la période astrolâtrique. De grands fétiches communs peuvent rallier de nombreux adorateurs, les astres et le soleil principalement sont dans ce cas. On ne doit donc pas être étonné qu'avant d'arriver à la dernière étape importante du théologisme, le catholicisme, il y ait eu de fréquentes tentatives pour installer le culte du soleil; elles indiquaient le besoin de croyances universelles.

Théologisme.

L'esprit essentiel du théologisme est tout autre que celui du fétichisme, il conduit à supposer que tous les corps sont par eux-mêmes inertes et qu'ils obéissent à des volontés extérieures et surnaturelles. Né d'un besoin naturel, quoique peu énergique de grouper les faits analogues, de trouver ce qu'il y a de commun à des êtres distincts, le théologisme a servi à développer chez nous les vues générales ou abstraites.

Le fétichisme ne pouvait conduire qu'à l'étude isolée de chaque être ; pour élever notre intelligence jusqu'au degré nécessaire pour découvrir des lois naturelles, il fallait une préparation intellectuelle. Voilà le rôle utile quoique passager que la conception des êtres fictifs et des volontés surnaturelles a joué dans le passé.

Le fétichisme pouvait indéfiniment persister sans compromettre notre raison, il emploie en effet l'observation réelle mais étroite des êtres, sans introduire rien de fictif ; tandis que le théologisme ne pouvait être qu'une période transitoire, il développe nos facultés abstraites, l'esprit coordinateur, mais que de dangers font courir à notre raison ses vues surnaturelles et ses êtres imaginaires ! La divagation et la folie auraient été la conséquence de l'exclusive domination ou de l'exagération du théologisme, heureusement que les obligations pratiques ont toujours réfréné une telle exagération.

L'histoire de la période théologique a conduit Auguste Comte à distinguer plusieurs phases : le théologisme sacerdotal, le pouvoir est entre les mains des prêtres ; le théologisme militaire ou polythéisme progressif, dans cette phase les chefs sont des militaires ; le monothéisme et enfin la période métaphysique. Les époques historiques qui correspondent aux divisions ci-dessus sont dans le même ordre : la théocratie de l'antique Egypte, la période gréco-romaine, le christianisme ou mieux le catholicisme et l'islamisme, le déisme de la petite école philosophique du xviiie siècle rajeuni par les disciples de Cousin et enfin le règne des entités métaphysiques. La loi générale du développement du théologisme est facile à apercevoir : d'abord, un grand nombre de divinités sans classement bien apparent ; ensuite, la prépondérance d'une ou de plusieurs divinités, la réduction de toutes les divinités en un dieu unique omnipotent sans cesse préoccupé de la marche des choses ; la dernière phase réduit à sa plus simple expression le rôle du dieu unique, — pour les descendants philosophiques de Rousseau, — il finit par avoir l'attitude effacée d'un roi constitutionnel, laissant tout marcher suivant une impulsion initiale et livré aux douceurs du *far niente* absolu.

En résumé, à mesure qu'il évolue le théologisme se réduit de plus en plus, nous pouvons ajouter se dissout de plus en plus et n'inspire alors que de vagues convictions sans efficacité.

Positivisme.

Nous entrons enfin dans la phase de notre maturité intellectuelle ; alors, abandonnant la recherche des causes, mettant de côté toute idée d'intervention divine, nous nous contentons de rechercher les lois naturelles en nous appuyant sur l'observation et l'expérience. La supériorité du Positivisme sur le fétichisme nous l'avons constatée au commencement de ce petit livre quand nous avons montré combien la science était supérieure à l'empirisme, quant à la supériorité de la méthode positive sur la méthode théologique, nous n'avons pas à faire cette démonstration. En fait, nous n'avons acquis de connaissances sérieuses et définitives qu'en nous servant de la première méthode. Le procédé théologique n'a jamais servi qu'à masquer notre ignorance sur les questions encore prématurées pour l'emploi de la science. Socialement, le théologisme a rendu des services considérables : il a été, comme Auguste Comte l'a fort bien dit, une sorte d'interrègne, résolvant à sa manière des questions qui ne pouvaient rester sans réponse relativement à notre nature sociale et morale, pendant que la science élaborait lentement l'échafaudage sur lequel s'appuie maintenant le Positivisme. De là, deux mouvements simultanés mais contraires : à mesure que la science avançait, le théologisme reculait; à mesure que des lois naturelles étaient découvertes, le rôle des dieux ou du dieu unique devenait de moins en moins important. L'histoire de ce double mouvement pourrait constituer l'histoire intellectuelle de notre espèce depuis les temps historiques.

Les considérations qui précèdent expliquent l'homogénéité du mouvement humain ; pour rendre ce mouvement intelligible, nous sommes obligés de donner un nom spécial à chaque grande époque, mais en réalité tout s'enchaîne et tout se prépare. La continuité est surtout le propre des phénomènes relatifs aux corps vivants. Donc, quand nous disons que la première période est fétichique, la seconde théologique et la dernière positive, nous ne faisons que caractériser les points généraux. La science positive avait déjà surgi rudimentairement sous le fétichisme, elle s'est perfectionnée pendant le théologisme et sous le Positivisme enfin il restera toujours quelque chose de nos dispositions fétichiques. L'enfant, avons-nous dit, commencera comme nos lointains ancêtres l'apprentissage de la vie et l'homme mûr lui-même quand une passion énergique le poussera sera enclin à attribuer aux corps bruts des affections analogues aux nôtres. Voyez un homme en colère, invectivant, brisant un objet inanimé comme s'il s'agissait d'un être vivant. Cette naturelle tendance à revenir au fétichisme doit être encouragée dans certains cas : le drapeau est un fétiche ; pourquoi refuser les services que peuvent nous rendre des fétiches pareils : les souvenirs, les reliques, etc., lorsqu'ils excitent nos meilleurs sentiments et facilitent notre amélioration. Voilà donc établie la loi fondamentale suivant laquelle évoluent nos croyances, à cette grande loi on peut rattacher deux lois non moins certaines et qui concernent nos sentiments et notre activité matérielle.

Sous le rapport des sentiments, il est incontestable que la sociabilité tend à devenir de plus en plus large ; de l'égoïsme primitif les sociétés s'élèvent graduellement à l'amour de la famille, à l'amour de la Patrie et finalement l'espèce entière est englobée dans un sentiment d'affection universelle. L'amour de ce grand être collectif passé, présent et futur : l'Humanité est donc le but de l'évolution affective des sociétés. L'Humanité n'est point une pure création de notre cerveau, la solidarité des générations dans le passé, dans le présent et dans l'avenir est un fait indéniable ; c'est la constatation de l'unité vers laquelle tendent les efforts humains dans tous les temps et dans tous les lieux. Plus nous allons et plus la solidarité croît ; d'abord le passé prend à mesure que notre espèce avance en âge un poids de plus en plus grand. Quant aux relations actuelles déjà elles sont fort accentuées ; la terre n'a plus pour nous l'immensité qu'elle paraissait avoir pour nos prédécesseurs, nous nous déplaçons avec une telle facilité que les distances sont considérablement amoindries. Bientôt tous les recoins habités de notre globe seront connus et explorés et bientôt aussi il n'y aura pas la moindre peuplade isolée du mouvement commun.

L'activité générale des sociétés suit aussi une marche régulière ; d'abord militaire conquérante, elle devient chez les populations plus civilisées, militaire défensive pour tendre vers l'état pacifique et industriel où toute notre activité doit être employée à améliorer notre situation. Au nom de cette loi évidente, on doit considérer comme une anomalie extrêmement blâmable les visées des hommes d'Etat qui perpétuent de nos jours le régime militaire primitif; leurs efforts échoueront fatalement parce que la conquête n'a plus de but légitime. L'admirable politique romaine complétée par l'œuvre de Charlemagne a suffisamment développé le rôle utile de l'activité militaire conquérante; vue dans ses résultats principaux, elle a préservé le noyau des populations avancées de l'anéantissement par les barbares nomades. Depuis, la civilisation a acquis une base suffisante pour que toute prolongation du régime de conquête ait constitué une violation de la loi naturelle de l'activité sociale. En réalité, toutes les tentatives de monarchie universelle ou seulement européenne ont avorté depuis et n'ont servi qu'à perturber inutilement l'évolution historique. Charles-Quint, Philippe II, Bonaparte ont échoué comme échoueront à l'avenir tous les hommes d'Etat qui méconnaîtront les nécessités historiques.

Souhaitons que notre pays reprenne sa prépondérance militaire pour éviter à l'espèce entière de dangereuses oscillations futures en réprimant au besoin par la force les abus du militarisme conquérant. Ce rôle que notre état de civilisation, que l'histoire assignent à la France peut être facilité par la ligue des populations pacifiques dont l'existence est menacée comme la nôtre. Puissent nos hommes d'Etat comprendre ainsi la direction de notre politique extérieure !

IV

LA MORALE.

> La plus compliquée et la plus importante de toutes les sciences, elle a pour domaine l'étude de l'homme surtout dans ses facultés supérieures et elle conduit à la modification raisonnée de notre nature. Dans les sciences précédentes nous n'avons pas parlé des arts auxquels elles viennent fournir des lumières, mais nous parlerons de la morale pratique, étant données la nouveauté et l'importance du sujet. Notre travail finira donc par faire apprécier l'utilité des vues positives dans un ordre de faits présentant un très grand intérêt. En effet, améliorer l'homme a toujours été considéré comme la question dominante. Nous avons déjà constaté à propos de la sociologie qu'il fallait perfectionner l'individu si l'on voulait améliorer les relations sociales, mais pour arriver à ce résultat il faut d'avance avoir une théorie scientifique de la nature humaine.

Morale théorique.

De tous les êtres vivants l'homme occupe la place la plus élevée, son organisation corporelle offre une grande analogie avec celle des animaux supérieurs. En biologie, l'homme est déjà étudié en tant qu'animal supérieur et nous avons une ébauche de la théorie complète. Mais si nous sommes très voisins des espèces animales les mieux organisées, nous différons pourtant par un plus grand développement des facultés intellectuelles et morales. La différence est peu sensible au début de l'évolution, elle s'accentue de plus en plus par le développement social. Notre prépondérance tient donc à deux causes : premièrement notre supériorité naturelle sous le rapport cérébral, deuxièmement notre supériorité acquise par la vie sociale. Nous nous bornerons à étudier les facultés intellectuelles et morales, c'est là surtout que consiste l'originalité du Positivisme et c'est aussi la partie la plus importante de la question. Pour plus de clarté nous allons esquisser la marche historique de cette théorie, en marquant les pas principaux.

Parlons d'abord du plus grand penseur de l'antiquité : Aristote qu'il faudrait presque toujours citer tant son vaste génie a abordé de sujets divers. Le premier, il a osé concevoir que l'étude de l'homme moral devait constituer une science d'observation ; dans son livre sur la Morale, il essaie de réaliser cette vue en s'appuyant sur des phénomènes observés ou observables. La tentative était tellement prématurée qu'une interruption de près de 2,000 ans existe entre Aristote et les précurseurs immédiats de la théorie positive.

Au XVIIIe siècle la question est reprise, Diderot démontre que la morale pratique dépend de notre organisation, avec un sens de moins ou un sens de plus, notre morale serait différente ; cela est parfaitement exact, mais la question n'est encore que posée.

Georges Leroy indique la voie qu'il faut suivre pour la résoudre et fait voir qu'il faut utiliser, pour étudier les facultés supérieures, le procédé comparatif qui bientôt après donnera des renseignements si précieux. Non seulement la route est indiquée, mais Georges Leroy y entre résolument, c'est toujours le propre des grands esprits, lorsqu'ils posent une question, ils essaient de donner une solution ou de la préparer. Georges Leroy étudie l'intelligence et la moralité de quelques animaux supérieurs, il choisit ceux que son expérience lui permet de mieux connaître.

Avec Cabanis un pas nouveau est franchi, il établit que le moral dépend du physique ou tout au moins influe sur le physique, et cherche le siège corporel de quelques affections morales, nous ne sommes pas encore au but, mais nous approchons et l'étude des facultés supérieures chez l'homme, embarrassée jusqu'alors par les entités métaphysiques, tend à s'en dégager. Pour vaincre définitivement la métaphysique qui prétend abstraire notre intelligence et notre moralité de tout siège corporel, il fallait arriver à fixer le siège véritable. Cabanis ne réussit pas, toutefois il est dans le bon chemin, Gall accomplit enfin le pas décisif. Nous demandons la permission d'insister sur son œuvre véritablement étonnante, quoique encore peu appréciée, cependant justice commence à lui être rendue en dehors du Positivisme.

L'œuvre de Gall peut se diviser en deux parties, une partie qui est acquise à tout jamais comme toutes les vérités scientifiquement établies et une autre partie sujette à révision et dans laquelle Auguste Comte mieux préparé a complété et perfectionné les théories de Gall. Nous insisterons sur la partie positive des travaux de Gall en mentionnant quelques-unes de ses nombreuses preuves, il faut signaler à ce sujet l'admirable bonne foi de ce grand homme si enthousiaste lorsqu'il parle de choses dont il est sûr et au contraire si réservé et si peu affirmatif dans les questions douteuses.

I. *Le cerveau est le siège des fonctions intellectuelles et morales*, telle est la proposition capitale que Gall démontre d'abord. Nous sortons du vague; la métaphysique avait beau jeu tant que le siège réel n'avait pas été trouvé, elle pouvait indéfiniment disserter sans résultats appréciables. En démontrant que, comme toutes les autres fonctions vitales, les fonctions intellectuelles et morales avaient des organes réels, leur étude pouvait devenir positive et s'appuyer sur l'observation. Bien avant Gall, dès l'antiquité grecque, on avait pressenti que le cerveau devait être le siège de l'intelligence; des observations nombreuses avaient fait apercevoir des rapports entre le développement frontal et le degré d'intelligence; mais ce qui est nouveau, c'est d'y avoir rapporté aussi les facultés morales. D'ailleurs, il y a loin entre un pressentiment et une véritable démonstration scientifique: on peut dire de celui qui démontre une proposition qu'il l'a réellement trouvée. Gall s'appuie généralement sur la méthode comparative dans ses moyens divers : la comparaison des divers êtres en partant des inférieurs et s'élevant aux supérieurs, la comparaison des divers âges, enfin la comparaison des individus adultes d'une même espèce.

Voici quelques-unes des preuves relatives à la proposition ci-dessus :

1. Les animaux sont d'autant plus élevés en moralité et en intelligence que le cerveau est plus développé; la progression du cerveau pourrait servir de moyen de classement.
2. Le cerveau croît dans la jeunesse, décroît et se rapetisse dans la vieillesse; *la croissance est plus lente que celle des autres organes.*
3. Il diffère de forme dans les deux sexes.
4. Les perturbations graves et prolongées de nos facultés

morales correspondent à des altérations anatomiques du cerveau.

5. Les lésions, coups, blessures, changent, quelquefois passagèrement, quelquefois d'une manière définitive, notre nature morale.

II. *Le cerveau est un appareil*, ou en d'autres termes ce n'est pas un organe unique, mais un ensemble d'organes. Cette seconde proposition une fois prouvée, il s'ensuit que les facultés intellectuelles et morales sont multiples, chaque organe cérébral devant avoir sa fonction distincte.

Preuves. — 1. Non seulement il croît proportionnellement au corps à mesure qu'on s'élève dans la série animale, mais il se complique. Dans les poissons les hémisphères sont rudimentaires, le cervelet simple. Chez les oiseaux les hémisphères sont plus développés, chez les mammifères inférieurs le cervelet est triple et chez les supérieurs on voit les circonvolutions cérébrales se dessiner plus nettement. Chez l'homme enfin ces circonvolutions sont plus nombreuses, plus nettes, plus fines ; la différence entre le cerveau humain et celui des grands singes est énorme.

2. Le volume absolu ou relatif de cerveau n'influe pas seulement sur l'élévation de l'animal, c'est surtout sa complication ; à des différences marquées entre divers individus ne correspond pas toujours un changement dans la masse cérébrale, il faut donc qu'il y ait une ou plusieurs parties plus ou moins développées.

3. Le développement des organes cérébraux n'est point simultané dans la première période de la vie.

4. La diversité des affections mentales, leur traitement fondé sur le changement d'occupation sont aussi des preuves concluantes, de même que le repos résultant du changement de travail.

III. *Loi du développement physique du cerveau.* A mesure qu'on s'élève dans la série animale on voit le cerveau changer de forme, la partie antérieure se développe et il prend en outre une figure de plus en plus convexe. Le cerveau croit donc d'arrière en avant et des bords au milieu. La loi d'accroissement du cerveau nous permettra d'assigner approximativement la place de chaque fonction cérébrale.

A côté de ces importantes et capitales découvertes définitivement acquises, Gall a essayé de classer et de localiser les fonctions cérébrales; nous abandonnons la critique de cette partie de son œuvre reprise après lui avec plus de succès. Nous pouvons cependant ajouter que tout n'est pas défectueux dans l'essai de Gall et que nous y trouvons encore l'empreinte du génie; ainsi, par exemple, Gall affirme que les bons instincts, les penchants affectueux sont innés et leur assigne des places déterminées. L'importance de cette vue ne doit point nous échapper, si nous sommes effectivement susceptibles de passions égoïstes et d'affections désintéressées, en vertu de notre organisation, nous pouvons donc par des procédés rationnels et naturels améliorer notre nature. Avec la théorie catholique de la grâce surnaturelle nous ne devions attendre notre salut ou notre perfectionnement que de l'arbitraire divin, avec la théorie positive nous pouvons arriver au même but par nos propres efforts; c'est le dernier coup porté par la science à la théologie.

Théorie cérébrale.

Voilà où en était la science de l'homme avant Auguste Comte, il faut examiner avec attention la théorie cérébrale qui est un des plus beaux titres du grand philosophe à notre admiration.

De la méthode en morale.

Donnons d'abord quelques indications sur les procédés rationnels d'étude en morale, comme nous l'avons déjà fait à propos des sciences précédentes.

Le point de départ est toujours l'observation et de plus comme l'espèce humaine a constamment réfléchi sur ce sujet palpitant, des observations séculaires et universelles doivent être sérieusement examinées.

Ces observations universelles nous sont transmises par les œuvres des poètes, des philosophes, des législateurs, des éducateurs de l'homme à tous les degrés; les grands poètes sont des observateurs pénétrants, il n'y a pas d'œuvre poétique de haute volée qui ne repose sur une connaissance approfondie de l'homme et de ses passions. En outre de ces documents, la masse du public fixe dans la langue une innombrable quantité d'observations morales: l'ambiguïté de certains mots, la synonymie, les analogies, sont presque toujours la suite de nombreuses observations morales; ces anonymes observations peuvent être rapportées à la masse du public qui, par le choix, l'usage, l'acceptation de telle ou telle forme du langage, établit qu'il y a véritablement accord sur le bien fondé de ces observations.

L'expérience, selon la signification précise que nous avons donnée à ce terme, est aussi applicable à l'étude de l'homme. La modification de quelques-uns de nos instincts poursuivie par les diverses religions, les procédés employés pour nous rendre ou sobres, ou chastes, ou courageux, constituent de véritables expérimentations. On voit ainsi quelle est l'influence de l'excitation ou de la compression des instincts dont la modification est poursuivie. L'étude des maladies cérébrales, de la folie, de l'idiotie, des perturbations religieuses représente une autre face de la méthode expérimentale.

En morale, la *comparaison* trouve aussi un emploi fréquent, c'est à ce procédé que Gall doit ses principales découvertes.

Enfin, une méthode dont nous avons parlé en sociologie, la *méthode historique* ou de filiation, nous permet de découvrir des lois en morale. C'est en examinant l'histoire de nos connaissances qu'Auguste Comte a pu établir sa théorie de l'intelligence. Les phénomènes intellectuels sont trop confus et trop peu accentués chez l'individu pour fournir des indications suffisantes, tandis que la succession des découvertes scientifiques, leur enchaînement, l'importance de quelques-unes, tout cela permet de saisir plus aisément la véritable théorie de l'intelligence. Ce moyen est bien supérieur à la prétendue observation intérieure des psychologues et des métaphysiciens ; nous sommes très mal placés pour nous observer nous-mêmes quand nous réfléchissons. D'ailleurs, l'opération qui consiste à observer des phénomènes aussi compliqués est assez difficile à elle seule pour absorber toute notre puissance cérébrale. Le prétendu philosophe qui se *regarde* penser ne fait, en réalité, ni l'un ni l'autre. En observant, au contraire, la marche suivie par les hommes supérieurs qui ont prouvé leur puissance intellectuelle en faisant réellement avancer nos connaissances, nous pouvons acquérir des renseignements certains. L'emploi de la méthode historique est donc extrêmement utile pour connaître nos facultés supérieures. Mais ce n'est pas tout, il faut placer à côté des procédés dont nous venons de parler une méthode nouvelle, plus spécialement propre à l'étude de l'homme ; cette méthode a été appelée par Auguste Comte : *Méthode subjective*.

De la méthode subjective.

Quelques éclaircissements sont nécessaires sur ce sujet difficile. La méthode subjective, qu'on peut aussi appeler méthode synthétique, a été assez mal comprise ; elle consiste à régler toutes nos recherches d'après leur destination. Ainsi coordonnées, nos connaissances peuvent former une véritable synthèse dont le sujet est l'homme. Les limites de notre entendement nous imposent une telle marche ; nous ne pourrons jamais tout connaître, et vouloir classer nos investigations d'après leur importance objective serait un rêve chimérique. Quoiqu'en réalité les faits astronomiques aient objectivement une prépondérance infinie sur les phénomènes vitaux, il n'en est pas moins vrai que, par rapport à nous, les études relatives aux corps vivants ont une importance extrême. En suivant la voie objective, il faudrait donner toute notre attention et tout notre temps aux études cosmologiques et laisser de côté les études sociales et morales qui s'occupent de faits relativement minimes.

Pour les positivistes, ce qui importe le plus, c'est ce qui touche l'homme de plus près ; la science a été construite par l'homme pour son service et pour celui de l'espèce.

Une curiosité puérile et anti-sociale peut trouver à redire à cette manière de synthétiser nos connaissances qui procure le bon emploi des forces intellectuelles.

Dans les phénomènes qui nous occupent en ce moment, pour citer un exemple, ce qui nous importe le plus, c'est l'étude des fonctions cérébrales, l'étude des organes est beaucoup moins important et doit lui être subordonnée. Sans doute il vaudrait mieux que les localisations cérébrales pussent être rigoureusement déterminées, que l'observation anatomique fût beaucoup plus facile ; mais il n'en est pas ainsi, et devons-nous pour cela renoncer à l'étude des manifestations de nos facultés cérébrales ? Nous devons forcément nous contenter du degré d'approximation auquel nous pouvons atteindre, cela ne doit empêcher nullement de chercher des solutions plus satisfaisantes. On a d'ailleurs agi toujours de la sorte. Les astronomes ont entrepris l'étude de notre monde bien avant que la mathématique fût arrivée à l'état où elle est depuis Descartes, Leibnitz et Newton ; ils n'auraient pas encore commencé s'ils avaient attendu une parfaite constitution de la mathématique. De même les chimistes à l'égard des physiciens ; la physique, nous l'avons montré, a encore de grandes lacunes. De même aussi les biologistes ont commencé l'étude de la vie dès que l'état de la chimie l'a permis, sans plus attendre, et ainsi de suite.

C'est grâce à cette sagesse, à ce civisme humain, pour ainsi dire, que la science a pu former un tout et aborder tous les sujets.

Ne valait-il pas mieux aller le plus vite possible au plus pressé ? Ne valait-il pas mieux chercher à remplacer la théologie par la science même approximative ? Entre une théorie absurde et une théorie dont la base est vraie et qui peut se perfectionner, l'hésitation n'était pas permise. D'un autre côté, si nous reprenions une à une les différentes sciences positives, nous pourrions montrer que l'essentiel est fait ; les premiers pas sont des enjambées énormes et la progression se rétrécit à mesure qu'on avance. Notre sympathique Diderot a excellemment exprimé cette idée dans son « Interprétation de la nature. » N'ayons donc aucune illusion sur les progrès possibles dans les branches inférieures de nos connaissances et marchons toujours vers le même but : le bonheur individuel et social. Les grands esprits ont toujours fait d'instinct ce qu'il était urgent de faire de leur temps et cela sert de vérification à une vérité dont nous parlerons bientôt, à savoir qu'une grande intelligence est presque toujours alliée à une grande moralité.

On voit combien est raisonnable et féconde cette méthode subjective si peu appréciée, il n'y a nullement antipathie entre elle et les diverses méthodes d'observation ; les tendances générales et généreuses de la méthode subjective suppléent à l'insuffisance de notre intelligence et de nos sens, mais jamais elle ne doit être en contradiction avec la méthode d'observation. Comme tous les procédés logiques, la méthode subjective peut réagir sur les sciences précédentes, dont la constitution intérieure et la coordination peuvent être sous son influence considérablement améliorées.

Après ces considérations générales, entrons en matière en procédant par ordre et indiquant d'abord les grandes subdivisions des facultés cérébrales.

L'observation de tout acte humain quelconque nous dévoile un enchaînement constant :

1° Nous sommes toujours excités à agir pour la satisfaction de nos instincts, de nos besoins ; ces mobiles fondamentaux forment la première et la plus importante classe de fonctions : ce sont les *instincts;*

2° Avant d'agir nous consultons nos souvenirs, nous nous éclairons sur la manière d'atteindre le but, au moyen de renseignements soit présents, soit passés, et nous tirons des conséquences qui nous éclairent sur la nature et l'intensité des actes à accomplir. Les fonctions qui correspondent à ces opérations sont les facultés intellectuelles ou l'*intelligence;*

3° L'action s'accomplit au moyen de différents mouvements musculaires dominés par les facultés cérébrales de l'*activité*. En résumé les fonctions du cerveau se répartissent ainsi : *instincts, intelligence* et *activité;* la dépendance de ces trois ordres de facultés peut se formuler ainsi : les instincts poussent, l'intelligence éclaire et l'activité réalise.

Nous appuyant sur l'observation comparative, nous devons assigner aux instincts la partie postérieure du cerveau, car chez nos voisins animaux existent les mêmes instincts que chez l'homme, et la partie postérieur du cerveau y est surtout développée.

L'intelligence a pour siège le cerveau frontal, c'est, en effet, par la partie antérieure que le cerveau de l'homme se distingue de celui des animaux. Cette première ébauche de localisation n'est pas contestée, la correspondance du développement frontal avec le développement de la civilisation est considérée par tout le monde comme un fait acquis.

Quant aux facultés de l'activité, elles ne peuvent occuper que la partie moyenne et latérale si nous nous reportons à la loi de Gall sur le mode d'accroissement du cerveau. En effet, les animaux sont souvent aussi bien doués et quelquefois mieux que nous sous le rapport de l'énergie du caractère, ces fonctions ne peuvent donc avoir pour siège une région qui ne se développe que tardivement, or nous avons dit que le cerveau non seulement croissait d'arrière en avant, mais prenait une forme de plus en plus convexe jusqu'à l'homme où cette convexité est plus apparente. Le sommet du cerveau ne peut être occupé par des fonctions très développées chez les animaux, c'est donc légitimement qu'Auguste Comte a placé les fonctions de l'activité dans les régions latérales.

Mais il ne faut pas en rester là et distinguer dans les trois groupes ci-dessus des fonctions élémentaires ; nous appuyant toujours sur les mêmes méthodes d'observation et sans vouloir trop préciser nous allons les énumérer suivant leur ordre de noblesse qui donne déjà une première indication sur leur place cérébrale.

Instincts.

Il faut diviser les instincts en deux catégories : 1° ceux qui se rapportent à nos propres satisfactions, ce sont les instincts personnels ou égoïstes qu'on pourrait appeler : *passions* ; 2° ceux qui se rapportent aux besoins d'autrui, ceux qui nous poussent à vivre en société, à nous dévouer pour le bien commun, ce sont les instincts sociaux qu'on pourrait appeler : *sentiments*.

Dans la catégorie des instincts personnels, il faut distinguer les fonctions suivantes :

1. *Instinct de la conservation de l'individu.*

2-3. *Instincts de la conservation de l'espèce : Sexualité, — Amour de la progéniture.*

4. *Instinct destructeur*, qui pousse à détruire les obstacles et principalement ceux qui s'opposent à la satisfaction des instincts ci-dessus et des trois suivants.

5. *Instinct constructeur*, qui pousse à réunir des matériaux pour améliorer notre situation.

6. *Instinct de la domination* ou *orgueil.*

7. *Vanité* ou besoin d'approbation.

Ces deux derniers exigent pour se développer un certain degré de vie sociale, il faut le concours d'autrui pour les satisfaire.

Les instincts sociaux sont :

8. *L'attachement* qui nous lie à nos égaux.
9. *La vénération* qui nous lie à nos supérieurs.
10. *La bonté* qui nous lie à nos inférieurs.

Les relations que nous pouvons avoir avec autrui ne présentent, en effet, que trois modes : l'égalité, l'infériorité ou la supériorité.

Fonctions intellectuelles.

Les opérations de notre intelligence comportent plusieurs phases qui correspondent à des fonctions distinctes. Il y a d'abord les facultés d'*observation* qui agissent sur des renseignements fournis par les organes des sens. Ces renseignements peuvent s'accumuler et les opérations de l'intelligence s'effectuent en grande partie sur des souvenirs.

L'observation peut s'appliquer aux êtres, c'est la *contemplation concrète*, ou aux événements, c'est alors la *contemplation abstraite* ; viennent après les facultés du raisonnement où nous combinons les observations des deux organes ci-dessus. Le raisonnement est inductif, c'est-à-dire poursuit la découverte des lois abstraites ou concrètes, cherche la ressemblance qui peut exister entre des phénomènes différents, c'est la *Méditation inductive* ou *Induction*. Le raisonnement s'applique aussi à d'autres opérations lorsqu'il nous fait voir qu'une loi naturelle est contenue dans une loi plus simple, c'est alors une fonction nouvelle qui agit : la *Méditation déduc-*

tive ou *Déduction*. Dans les manifestations les plus élevées de son exercice, la déduction nous permet de généraliser et de fonder des théories abstraites.

Par cette dernière faculté l'homme est véritablement fort au-dessus des espèces animales supérieures, ajoutons aussi que ce n'est qu'après une longue préparation et encore dans un noyau assez restreint de notre espèce que l'aptitude déductive s'est développée d'une façon assez apparente. Ce sera l'éternel honneur de nos ancêtres grecs d'avoir cultivé cette précieuse aptitude sans laquelle il n'y aurait ni science abstraite, ni coordination positive possible.

Enfin, en dernière ligne viennent les facultés d'expression qui nous permettent de communiquer les résultats de nos opérations cérébrales : ce sont les facultés du *Langage*.

Fonctions de l'activité.

Poussés par les instincts, éclairés par l'intelligence, nous agissons, c'est l'aboutissant de toutes les opérations cérébrales. Nous agissons au moyen de nos muscles pour produire certains mouvements, il doit donc y avoir autant de facultés actives qu'il y a de catégories de mouvements ; or, nos mouvements ne peuvent être que : excités, retenus, ou maintenus ; d'où trois facultés correspondantes : le *Courage*, la *Prudence* et la *Fermeté* ou *Persévérance*.

Tel est dans son ensemble l'exposé du tableau des fonctions cérébrales. Cherchons maintenant à voir leur mode d'activité et d'abord leur degré relatif d'intensité ; nous parlerons ensuite de leur équilibre. Cette dernière théorie de la santé intellectuelle et morale nous donnera le type que nous devons essayer de réaliser dans la pratique.

Nous avons déjà remarqué que les *instincts* ont dans notre cerveau une place prépondérante et que parmi ceux-ci les *passions* ou les instincts personnels ont la plus grande énergie. Cette affirmation est confirmée par l'observation zoologique et par l'observation universelle sur l'homme lui-même. Avant tout nous sommes des êtres passionnés, naturellement peu enclins à réprimer des impulsions presque irrésistibles. L'enfant est à peine né, son intelligence est encore fort peu développée et nous le voyons déjà réclamer impérieusement des satisfactions personnelles. Tous les observateurs de la nature humaine ont vu et affirmé sous des formes diverses ce que nous venons de dire.

L'intelligence, malgré l'utilité capitale de ses opérations, joue donc un rôle relativement secondaire et encore elle est le plus souvent excitée par les passions inférieures ; penser pour le plaisir de penser est un phénomène extrêmement rare ; tout au plus peut-on désirer chez les natures moyennes que la mentalité soit quelquefois stimulée par des sentiments bienveillants.

Plus énergiques sont les fonctions de l'activité qui exigent chez beaucoup d'individus des satisfactions propres, nous n'en voulons pour preuves que les jeux, les exercices divers auxquels se livrent volontiers la plupart des hommes dans leurs moments de loisir. Si l'on rencontre peu de gens naturellement enclins à la réflexion sans une stimulation vive, il est au contraire fort commun d'en voir pour lesquels agir est une nécessité en dehors de tout but bien déterminé.

De l'harmonie des fonctions cérébrales.

Maintenant que nous avons parlé de l'intensité relative des fonctions du cerveau, il faut insister sur les conditions de leur équilibre ; c'est là évidemment l'objet vers lequel nous devons tendre et qui nous éclairera sur la solution du problème humain.

L'harmonie cérébrale ne peut résulter que d'un état particulier des instincts qui, nous le répétons, sont toujours les moteurs sans lesquels les autres fonctions, surtout celles de l'intelligence, resteraient passives. Si nous examinons les uns après les autres les instincts fondamentaux, il nous est facile de voir qu'aucun d'eux n'est capable de subordonner tous les autres et de provoquer la continuité d'action, l'harmonie constante des forces cérébrales.

L'instinct conservateur est, par exemple, toujours en opposition avec la sexualité ; les animaux, dans les périodes d'accouplement, négligent de manger, méconnaissent les nécessités de leur conservation... etc. Il en est souvent de même dans notre espèce.

De même, l'orgueil est presque toujours en opposition avec l'instinct conservateur, la vanité également ; ces deux instincts eux-mêmes, la vanité et l'orgueil, sont très souvent opposés l'un à l'autre. Pour obtenir d'autrui l'approbation qui flatte notre vanité, il faut dans la plupart des cas ne point prétendre imposer notre domination.

Les passions fondamentales sont donc toutes incapables de diriger d'une manière durable notre vie cérébrale, nous vivons en butte à des impulsions opposées, poussés tantôt d'un côté, tantôt d'un autre. Les passions sont donc divergentes et de plus anti-sociales ou nous mettent en lutte avec nos semblables. Nous ne pouvons, en effet, contenter nos instincts égoïstes qu'au détriment des mêmes instincts chez les autres. Dans les paniques, dans les moments d'affolement, où chaque individu craint pour sa conservation personnelle, la conservation de la vie d'autrui importe peu. Il en est également ainsi pour les nécessités nutritives, la satisfaction immodérée de notre instinct entraîne forcément la privation pour autrui, la quantité des matériaux nutritifs étant limitée. Nous pouvons dire la même chose de la sexualité, de l'orgueil, de la vanité...

Il n'en est heureusement pas de même pour les sentiments affectueux, attachement, vénération, bonté, tous les trois facilitent l'harmonie sociale. Il n'y a aucune opposition entre plusieurs individus qui ont pour le même être de purs sentiments affectueux ; au contraire, ces sentiments communs servent de lien, établissent la sympathie. De plus, et ceci est fort important sous le rapport individuel, ces trois sentiments agissent presque toujours simultanément, se prêtent un appui mutuel. A l'inverse des passions qui sont divergentes, les sentiments sont convergents. Cela est tellement vrai que le principal mobile égoïste d'une action quelconque est toujours nettement appréciable, tandis que, lorsqu'il s'agit d'un acte de dévouement, le principal mobile altruiste est beaucoup moins visible, tous les trois interviennent la plupart du temps.

Cet heureux concours que se prêtent les penchants sympathiques compense, dans une certaine mesure, leur défaut d'énergie et peut nous autoriser à concevoir comme une limite vers laquelle on peut tendre sans illusion : la prépondérance de l'altruisme. Il y a de plus à considérer cette autre vérité : la sympathie peut être stimulée par l'une de nos passions égoïstes. Dans le sentiment complexe de la pitié, par exemple, nos bonnes dispositions à l'égard de ceux qui souffrent reçoivent une véritable stimulation de la supposition que nous pourrions être dans le même cas, que nous pourrions aussi subir les mêmes privations ou les mêmes maux. Un autre exemple, et il est décisif, de l'éveil de nos affections sympathiques, nous le trouvons dans les relations des deux sexes ; le point de départ est l'instinct sexuel, la sympathie s'établit ensuite et reçoit une stimulation énergique de l'impulsion purement égoïste du début.

Le développement des instincts sociaux nous apparaît donc comme le but de notre perfectionnement moral, la compression des passions vient s'y ajouter ; si nous ne pouvons les anéantir, au moins pouvons-nous les discipliner et les faire concourir dans une mesure légitime à l'accroissement de nos forces cérébrales. A cette double condition, de développer l'altruisme et de réprimer l'égoïsme, nous pouvons espérer d'arriver à l'équilibre moral ; pour les facultés intellectuelles et pour celles de l'activité, le moyen de les équilibrer est le même comme nous allons le voir.

Quant aux opérations de l'intelligence, il est certain que l'impulsion égoïste est le plus puissant stimulant, mais cette impulsion agit essentiellement sur les facultés les moins élevées ; c'est surtout la contemplation des êtres que nous exerçons sous la stimulation de nos besoins. Notre intelligence resterait fatalement bornée à des préoccupations étroites et mesquines si nous n'avions pas d'autres moyens pour nous exciter à penser ; d'autant plus que tantôt poussés dans une direction, tantôt dans une autre, nous ne pourrions arriver à cette généralité de vues qui est l'apanage de notre espèce.

L'égoïsme nous conduit à nous préoccuper surtout de nous et du présent ; de là, l'infériorité des pensées égoïstes. Si nous examinons l'action du plus noble des instincts personnels : *la vanité*, nous voyons que cette passion surexcite en général une fonction secondaire de l'intelligence, la fonction du langage. Les grands efforts intellectuels de méditation sont rarement dus à l'exclusive impulsion vaniteuse ; si elle fait surgir des rhéteurs et des lettrés, elle n'a jamais inspiré de fortes pensées. Les besoins d'approbation sont bien plus vite satisfaits par l'adhésion immédiate que procure une éloquente harangue, qu'ils ne le sont par la production d'une œuvre maîtresse le plus souvent incomprise dès son apparition.

Mais si les passions ne sont point en état d'amener le complet développement de notre intelligence, les sentiments sociaux, au contraire, par la continuité de leur influence, par le calme cérébral qu'ils nous procurent, peuvent déterminer l'exercice de nos plus hautes facultés.

Les vues générales émanent des sentiments généreux, les grands génies ont toujours entrevu l'utilité de leurs travaux, les bienfaits que la postérité pourrait en retirer ; ils ont toujours senti leur coopération à une œuvre commune d'amélioration et de progrès.

Si nous observons, en outre, les perturbations de l'appareil cérébral dans les cas de folie, nous voyons que la mentalité est constamment altérée par une trop énergique intervention de l'égoïsme.

Les conditions du bon fonctionnement de notre intelligence dont il faut dire quelques mots ne peuvent être remplies que lorsque l'excitation des passions est modérée.

Auguste Comte détermine de la manière suivante les lois de l'équilibre intellectuel :

1. Nous devons concevoir la succession des événements comme étant fixe ; — la disposition contraire prouverait en effet que nous ne tenons pas compte de l'expérience, il faut être fou pour nier l'enchaînement fatal des événements. La disposition spontanément positive de notre esprit qui nous porte à nous subordonner aux faits observés prouve que nous sommes dans une situation normale pour penser.

2. Notre esprit fait naturellement l'hypothèse la plus simple et la plus sympathique en rapport avec les renseignements obtenus. — Les fous font au contraire des hypothèses fort embrouillées et généralement malveillantes, la tête travaille trop sous l'empire de stimulations égoïstes excessives.

3. Les images fournies par nos sens doivent être plus vives que nos souvenirs. La saine raison est caractérisée en effet par la subordination du travail cérébral aux renseignements directement fournis par les sens. Dans la folie au contraire nous méconnaissons la réalité immédiate pour faire prévaloir des souvenirs altérés par nos passions.

4. Dans l'état normal de notre intelligence, une image acquiert la prépondérance sur les autres et tous les efforts de notre esprit sont coordonnés autour de cette image principale. En d'autres termes la raison est cohérente, tandis que la folie est incohérente. Il est absolument indispensable de donner à nos efforts intellectuels une destination principale sous peine de n'aboutir jamais à rien de sérieux ; ce qui distingue les esprits robustes des têtes débiles, c'est la faculté qu'ont les pre-

miers de pouvoir rester longtemps sur le même sujet, Les *passions*, naturellement divergentes, ne peuvent guère provoquer la ténacité et la cohérence mentales si nécessaires, tandis que les *sentiments* peuvent beaucoup plus facilement amener une telle convergence de nos efforts intellectuels.

En résumé l'harmonie intellectuelle résulte de la subordination de notre esprit aux faits observés ; subordination que l'excitation immodérée de l'égoïsme rend fort difficile tandis qu'elle est facilitée par les impulsions sympathiques. Mais il y a plus, la faculté la plus élevée de notre intelligence : la *déduction* qui rend possible la généralisation, qui donne de la hauteur à nos vues ne peut être convenablement développée que lorsque nous sommes suffisamment vénérants et bons. Jamais la cupidité ou la vanité n'ont conduit à des aperçus larges et féconds ; les esprits de premier ordre ont toujours eu un sentiment très vif de vénération pour les travaux de leurs prédécesseurs.

Passons maintenant aux facultés actives, nous n'avons pas à insister sur l'importance de la *fermeté* ou persévérance, faculté sans laquelle nos actions avortent le plus souvent, sans laquelle il n'y a ni grand homme d'Etat ni véritable penseur. L'impulsion désordonnée et intermittente des instincts égoïstes se concilie mal avec le développement de cette faculté capitale du caractère ; il faut qu'elle soit soutenue par l'impulsion durable de la sociabilité.

Donc, à tous les égards, l'harmonie cérébrale dépend de l'accroissement d'intensité des instincts bienveillants ; nous devons essayer dans la pratique de favoriser cet accroissement ; ajoutons qu'on a de tout temps apprécié ainsi le problème humain. Le positivisme ne fait que donner une sanction scientifique aux tendances naturelles de nos prédécesseurs.

Si nous pouvions nous étendre davantage, nous ferions voir que non seulement l'équilibre cérébral mais aussi la santé totale de l'individu se trouve liée à l'amélioration de nos sentiments. Pour embrasser le champ complet de la morale, il faudrait pousser jusque là notre étude. Nous avons dit d'ailleurs ce qu'il y avait de plus important et de plus nouveau sur la science de l'homme. Bien avant le positivisme, on avait constaté la dépendance de notre santé corporelle vis-à-vis de notre état moral. Pour les phénomènes grossiers de la nutrition, tout le monde admet que la digestion s'accomplit d'autant mieux que notre moral est mieux réglé ; tout le monde admet aussi l'influence heureuse de la sympathie sur les organes de la vie végétative, une foule d'expressions populaires en sont la preuve. De même, l'influence perturbatrice des passions sur notre santé a toujours été constatée.

Que notre état corporel influe d'une manière décisive sur notre état cérébral, cela ne fait pas de doute ; mais inversement notre cerveau réagit fortement sur notre corps et cela d'autant plus que nous nous élevons en civilisation. De ce fait nous devons conclure que nous pouvons espérer d'avoir sur nous-mêmes un empire de plus en plus grand. Nous n'atteindrons jamais cette limite où le cerveau dominera le corps mais au moins nous est-il permis d'en approcher.

Nous voilà arrivés près du terme de notre exposition, nous avons passé en revue les diverses sciences abstraites et cela nous a conduits jusqu'à l'étude de l'homme : cette étude nous l'avons volontairement réduite à celle des facultés les plus élevées. Il nous faut donner maintenant une idée des avantages que la pratique peut retirer des indications scientifiques et nous allons justement choisir le sujet le plus important : la modification systématique de l'homme.

Le Positivisme ne peut complétement prouver sa supériorité sur la théologie qu'en montrant qu'il est plus apte qu'elle à résoudre toutes les questions.

D'un autre côté, comme, en fait, l'amélioration de la nature humaine est encore chez les populations avancées entre les mains des théologiens, il y a utilité de faire voir que, dès à présent, nous pouvons substituer à cette direction insuffisante une direction meilleure.

MORALE PRATIQUE OU MODIFICATION DE L'HOMME.

Rappelons deux lois énoncées en biologie, la loi de l'exercice et celle de l'hérédité. L'exercice, avons-nous dit, perfectionne nos organes et leurs fonctions et le défaut d'exercice amène l'atrophie ou la décroissance de nos organes. Les perfectionnements acquis se transmettent par la génération.

Ces deux lois combinées assurent le progrès constant de l'espèce humaine qui, elle, n'est contrariée par aucune autre espèce rivale ou supérieure.

Le but que nous avons proposé ci-dessus comme devant conduire à l'harmonie cérébrale et par suite à la santé et au bonheur : développer l'altruisme et réprimer l'égoïsme, peut donc être poursuivi avec fruit, puisque nous avons déterminé le siège organique de ces deux classes d'instincts. Un exercice régulier de la bienveillance et la constante surveillance de l'égoïsme amèneront forcément notre perfectionnement. Nous savons également quelles sont les fonctions de l'intelligence et du caractère qu'il est le plus utile de développer.

Pour classer suivant leur véritable importance les divers moyens que nous avons de modifier pratiquement la nature humaine, il faut que nous rappellions aussi un complément de la loi de l'exercice: la modification d'un être quelconque s'accomplit avec la plus grande intensité possible dans la période de croissance. Il est vrai que pour l'homme, la modification peut se continuer fort au-delà de cette période grâce à sa supériorité cérébrale et de plus nous devons remarquer que le cerveau croît et se perfectionne plus longtemps que le corps ; mais la loi générale n'est pas moins vraie et domine l'homme lui-même. C'est donc dans la période d'ascension qu'il faut surtout chercher à le modifier. En vertu de ces diverses raisons, il faut nous préoccuper surtout de l'*éducation* comme moyen principal et essentiel de modifier la nature humaine, après il faut placer les divers procédés de culture qui peuvent agir sur nous aux autres périodes de notre vie.

De l'éducation.

Nous allons donc parler d'abord de l'*Education*. Cette importante question préoccupe sous des formes multiples, mais toutes assez vagues, les esprits avancés de notre temps. On sent très bien que nous n'en aurons pas fini avec le catholicisme tant qu'il n'aura pas été remplacé sous cet important aspect.

1re *Période*. Nous appuyant sur ce qui précède, le point de départ de l'éducation doit être de constituer d'abord notre moralité en cultivant chez l'enfant la bienveillance et comprimant l'égoïsme. Nous suivrons en cela la marche du développement de l'enfant qu'il faut toujours respecter : les penchants précèdent évidemment l'intelligence. Il y a, en outre, pour des raisons déjà données utilité considérable à former la moralité, base de l'harmonie totale.

Cette éducation pendant la première enfance ne peut être donnée évidemment que dans la famille où l'enfant trouve dans sa mère une éducatrice admirablement adaptée à cet office. En dehors de la famille l'éducation morale ne peut jamais être satisfaisante, il faut des soins et des attentions de toutes les minutes, et il faut aussi que les affections naissantes de l'enfant puissent se développer à l'égard d'êtres bien directement liés à lui et que ces liens soient évidents aux yeux de l'enfant. Or, dans la famille seule cette condition est complètement remplie. Jusqu'à l'âge de 7 ans environ l'enfant doit donc être élevé en vue de faire d'abord de lui un citoyen bon et honnête ; sa faiblesse corporelle le rend très propre au développement de la vénération, le respect pour ses parents, pour sa mère est alors tout naturel.

L'attachement et la bonté peuvent également être cultivés à cet âge ; quoique faible, l'enfant est bientôt en situation d'être bienveillant à l'égard de certains animaux domestiques.

Quant aux *passions* à part l'une des formes de l'instinct conservateur et le penchant à détruire, il n'y a pas encore à se préoccuper outre mesure de les réprimer, cependant il ne faut pas négliger complètement cette partie de l'éducation. L'essentiel et en même temps le possible alors, c'est le développement des sentiments affectueux qui, plus tard, viendront tempérer l'énergie trop grande de l'égoïsme.

Sous le rapport intellectuel, l'éducation de l'enfant doit être entièrement spontanée, il faut l'abandonner à lui-même ; il acquiert tout seul des notions concrètes sans qu'il soit nécessaire de l'aider d'une manière trop suivie. On voit facilement, du reste, combien il serait inutile de forcer la nature ; dans la masse des cas, les facultés de l'intelligence sont encore assoupies dans cette première période.

L'activité se développe aussi spontanément aux premiers temps de notre vie ; l'enfant étant incapable de travail matériel, il ne peut exercer son activité qu'en jouant. Il y aurait à faire un choix judicieux des jeux qu'on doit favoriser et des jouets qu'il faut choisir ; de nos jours la plus absurde direction est donnée à cette partie de l'éducation enfantine : les poupées suivent bêtement toutes les excentricités de la mode et donnent aux enfants de bien mauvais exemples.

2ᵉ *Période*. Dans la seconde enfance de 7 à 14 ans environ, les facultés cérébrales commencent à prendre un essor plus marqué. La personnalité s'affirme davantage, l'intelligence grandit sans pourtant atteindre la puissance qu'elle aura dans l'âge suivant. Les facultés de la contemplation concrète et du langage sont en état d'être cultivées. Les sens sont plus propres à assister l'intelligence, l'enfant est dès lors capable d'une attention plus grande, il est aussi plus apte à gouverner ses différents mouvements. Nous conformant à la marche naturelle nous devons apprendre aux enfants leur langue et une ou plusieurs autres, nous devons enrichir leur cerveau de souvenirs, les mettre à même de faire des observations nombreuses. A cet âge, les enfants doivent lire quelques grands poètes : Homère, le Tasse, — les Mille et une Nuits ; les ouvrages historiques d'Hérodote, quelques-uns de Xénophon, un certain nombre de Vies de Plutarque ; des relations de voyages ; il faut surtout respecter au début leur naïve crédulité à l'égard des exploits héroïques dont les poètes les entretiennent.

Cette charmante période où l'enfant ne songe point encore à douter, à critiquer, doit être l'objet de toute notre sollicitude. Le temps viendra assez vite où ces dispositions bienveillantes et crédules feront place à l'esprit de critique et à la moquerie. Il faut autant que possible prolonger cet état préliminaire pendant lequel se forment les bons sentiments. Nous devons aussi, vu la disponibilité intellectuelle de l'enfant, en profiter pour commencer son éducation esthétique : le dessin, la musique.

Le dessin, mais d'après des objets réels, d'après la ronde bosse; jamais, au grand jamais il ne faudrait débuter par le dessin copié qui n'apprend qu'à aligner régulièrement des hachures, à ne voir que l'exécution. Il est fort difficile d'apprécier les meilleurs dessins fournis par les maîtres sans une éducation d'après nature; ce n'est qu'assez tard qu'on peut saisir l'interprétation propre à chaque maître. De même à laisser jusqu'à une autre époque le dessin d'après l'antique; il ne peut être véritablement compris qu'après un développement intellectuel abstrait et après une éducation concrète.

Pour la musique, le point de départ doit être également fort surveillé : la justesse et le rhythme avant tout; rien ne peut surmonter les mauvaises habitudes du début.

Au point de vue scientifique on peut commencer à meubler l'esprit de l'enfant de notions concrètes. Le dessin géométrique convenablement gradué préparera l'étude de la mathématique. L'astronomie réduite à l'astronomie d'avant les Grecs. La connaissance et l'usage des principaux instruments physiques, quelques notions chimiques concrètes. L'histoire naturelle de quelques animaux-types choisis dans la série. L'histoire élémentaire de la patrie à laquelle ils appartiennent. Tout cela avec l'arithmétique doit être et peut être facilement appris dans la seconde enfance.

L'éducation de 7 à 14 ans doit s'accomplir comme l'éducation primitive dans la famille. Ce qui est l'exception aujourd'hui doit devenir la règle ; ce qui est exclusivement à la portée des classes aisées pourra être étendu aux prolétaires quand leur instruction sera devenue suffisante, quand leur situation industrielle le permettra et surtout quand ils le voudront sérieusement. Si on ne peut réaliser tout de suite le plan ci-dessus, au moins peut-on commencer à agir dans cette direction.

3° *Période.* — De 14 à 21 ans environ, l'éducation peut être donnée alors par des professeurs spéciaux et hors de la famille. Nous devons pourtant blâmer *l'internat* ou la claustration momentanée de l'enfant privé dans ce cas de l'influence heureuse de la famille. On peut faire quelques objections relativement à la possibilité d'étendre à toutes les classes la durée de l'éducation jusqu'à la majorité. Il n'est pourtant point impossible de prolonger de quelques années l'éducation de l'enfant dans la population prolétaire. D'autant plus que vers les dernières années l'adolescent peut rendre des services et diminuer les charges de la famille. En outre de l'instruction mentale, on doit pendant les sept dernières années apprendre un métier ; le temps qu'on y consacre habituellement ajouté au temps nécessaire à l'instruction primaire fait qu'il n'y a point un écart très considérable entre les périodes que nous venons de fixer et celles qu'on emploie pour que l'enfant soit véritablement capable de gagner sa vie.

L'éducation morale doit se continuer de 14 à 21 ans, seulement elle doit être calquée sur l'évolution de l'individu. Dans cet âge ingrat il faut surtout viser à comprimer la vanité et à cultiver la vénération. L'adolescent est disposé par le sentiment croissant de ses forces à exagérer sa valeur propre, il discute volontiers, il raille les faibles.

Une exposition convenable de chacune des sept sciences encyclopédiques où la vénération pour les hommes de génie qui les ont fondées sera constamment excitée, disposera les adolescents au respect et à la juste subordination. Les liens d'amitié qui l'attachent à ses camarades, à ses frères et sœurs peuvent, dans une large mesure, fortifier les bonnes dispositions de l'enfance. La préparation intellectuelle ne doit donc pas faire perdre de vue le côté moral, il ne faut pas qu'elle vienne contrarier l'éducation affective ; cela est parfaitement réalisable avec un enseignement élevé et complet où toutes les sciences seront bien enchaînées les unes aux autres par une destination commune. En sept années l'adolescent devra s'assimiler la meilleure substance du savoir humain de la mathématique à la morale ; il devra en résulter pour lui le développement des plus hautes facultés et des connaissances générales sur tous les sujets. Cette instruction commune aux divers individus sera un précieux moyen d'union ; nous avons déjà fait entrevoir combien serait plus facile la solution de nos difficultés sociales si des opinions unanimes nous plaçaient tous au même point de vue d'ensemble. L'éducation encyclopédique doit poursuivre ce but, elle aura un merveilleux couronnement dans les dernières années quand le jeune homme étudiera l'évolution de l'espèce, quand il connaîtra la liaison des destinées de son pays avec celles de l'Humanité.

Les convictions fortes font des sentiments, cela n'est pas douteux ; l'intelligence cultivée jusqu'à l'aboutissant normal de nos études : l'Homme et l'Humanité, devient une aide puissante pour les bons instincts. Dans une théorie dont je n'ai pas à parler ici vu le cadre restreint de ce résumé, M. Laffitte a fort justement indiqué le rôle des vues intellectuelles pour préciser et renforcer nos sentiments. Ainsi comprise l'éducation intellectuelle au lieu de développer la sécheresse formera véritablement le cœur. Mais, nous le répétons, il est de toute nécessité que l'instruction soit poussée jusqu'au bout. Pourvu de cette instruction générale qui fait prévaloir l'Humanité sur l'Homme, chaque individu pourra développer sans danger son intelligence et son activité dans sa voie spéciale, chacun sentira sa coopération à une œuvre commune et se considérera comme membre de la grande famille humaine.

Du culte.

Après avoir parlé du principal et du plus efficace moyen de modifier l'homme, il faut dire quelques mots d'un autre moyen très efficace de perfectionner notre nature et qui peut être considéré comme un prolongement de l'éducation.

Auguste Comte a donné au sujet du culte des indications précieuses dont il faut montrer l'esprit ; on verra qu'il n'y a rien de choquant ou d'inacceptable dans ses vues principales.

Le culte peut prendre différentes formes que nous allons examiner successivement.

Culte Personnel. — Nous avons en notre pouvoir des moyens certains de nous améliorer : le retour sur nous-même, l'examen de notre conduite, la résolution de la modifier lorsqu'elle est contraire à nos devoirs ou à l'accomplissement convenable de notre fonction. Ce procédé est spontanément employé par tous les gens honnêtes qui régulièrement ou irrégulièrement jettent un regard en arrière sur leur vie, la jugent et dans certains cas modifient leurs actes. Il n'est donc point absurde de préconiser comme un excellent moyen d'amélioration cette sorte de confession personnelle; il n'y a qu'à régler volontairement ce que tout le monde fait sans y prendre garde.

Culte Domestique. — Ce procédé de perfectionnement moral consiste à utiliser les relations familiales pour modifier nos divers instincts. La femme mère, épouse, fille, devient le pivot du culte domestique.

Dans notre première enfance, la mère est notre véritable providence, à laquelle nous devons tout ; l'enfant est tout naturellement disposé à considérer sa mère comme un être véritablement supérieur et à lui vouer un culte naïf, mais bien sincère. Qu'est-ce qui doit nous empêcher de prolonger, autant que possible, cette influence moralisatrice ? Voilà un culte réel et sain que tous les cœurs droits ont spontanément accepté sans attendre la formulation positive.

L'influence des affections domestiques sur notre moralité est incontestable, et quand Auguste Comte a appelé les membres féminins de la famille nos *anges gardiens*, il n'y avait là aucune exagération sentimentale. Quel est l'homme qui songeant à sa mère, à sa femme ou à sa fille ne s'est pas trouvé arrêté au moment de commettre une mauvaise action ? Cette charmante conception poétique peut donc se transformer en une réalité certaine sous l'influence du Positivisme toujours prêt à s'incorporer ce que notre évolution a produit de meilleur.

La famille a donc non seulement pour but de servir de base à l'organisation sociale, de permettre des groupements plus étendus, mais elle prépare moralement l'homme. Avant d'être un véritable patriote, avant de s'élever à l'amour de l'espèce entière, il faut être capable de bien remplir les devoirs familiaux. Dans cette petite société nous apprenons à faire tous les jours effort sur nous en faveur de nos proches, nous avons envers eux des devoirs précis, tout concourt à perfectionner notre nature morale.

Culte Public. — C'est le dernier procédé positif d'amélioration, son influence repose sur ce fait que nos émotions s'accroissent lorsqu'elles sont partagées. Le fait de manifester en grand nombre les mêmes sentiments, d'assister aux mêmes cérémonies, est un puissant procédé d'excitation de nos sentiments.

Dans les populations les plus émancipées, il y a actuellement de nombreuses aspirations vers la création de fêtes collectives ; c'est un besoin universel de notre sociabilité. En traçant le plan d'un ensemble de fêtes publiques, Auguste Comte n'a donc fait, comme toujours, que régler des dispositions naturelles. Nous n'entrerons pas dans le détail de ses indications relativement au culte public, nous ne parlerons que des points essentiels.

Pour être efficace, le culte public ne doit point choquer nos convictions, il doit au contraire présenter un ensemble de fêtes satisfaisant à la fois notre intelligence, nos besoins esthétiques et nos sentiments. Si le catholicisme, dans les cérémonies imposantes de son culte public, satisfait nos aspirations esthétiques, et à un degré plus vague nos sentiments, il choque notre raison ; or, pour nous qui connaissons l'influence de l'intelligence sur la totalité de notre existence morale, il est certain qu'un culte complet doit également convenir au cœur et à l'esprit.

Le calendrier proposé par Auguste Comte établit la glorification des principaux agents de l'évolution humaine. Le culte des grands hommes est bien fait pour susciter des émotions bienfaisantes et aussi pour convenir à notre raison ; il n'est point nouveau, mais jamais il n'a été coordonné par des vues générales. Nous ne craignons pas d'affirmer que l'établissement du nouveau calendrier est une des plus importantes créations du Positivisme. Toutes les faces de l'évolution humaine y sont représentées de manière à offrir l'imposant spectacle des efforts de notre espèce pour établir la suprême existence collective : l'Humanité.

Nous voici enfin arrivés au terme de notre exposition ; nous n'avons pas eu la prétention de résumer le Positivisme dans ces quelques pages, mais nous avons voulu faire œuvre de propagande. Il est souvent difficile de classer les vues de Comte à la lecture de ses ouvrages, le grand philosophe moderne émettait ses théories au fur et à mesure qu'il les découvrait ; il s'est produit pour le Positivisme, ce qui est arrivé souvent dans l'histoire scientifique : l'ordre d'invention n'est pas toujours celui qu'on doit suivre exactement pour l'enseignement, — il y a des différences qu'on ne peut apprécier qu'après une révision d'ensemble. La propagande du Positivisme exigeait une telle opération qui a été en grande partie accomplie sous l'influence de M. Pierre Laffitte. Grâce

A lui, le Positivisme est devenu accessible, pour beaucoup d'esprits que la lecture directe des ouvrages fondamentaux aurait rebutés. Qu'il me soit permis, en terminant, de lui témoigner personnellement ma gratitude pour cet inappréciable service.

TABLE DES MATIÈRES

AVANT-PROPOS. 3

I

DE LA MÉTHODE POSITIVE

Distinction entre la pratique et la théorie. 5
Esprit de la méthode positive. 8
Ordre des études scientifiques. 9
But et limite des études réelles. 9

II

DES SCIENCES POSITIVES

Notion de loi naturelle. 11
Notion de modificabilité. 13
Hiérarchie des sciences. 14
LOGIQUE ou mathématique. 14
De la méthode en mathématique. 15
COSMOLOGIE. 16
Astronomie. 16
De la méthode en astronomie. 18
Physique. 19
De la méthode en physique. 20
Chimie. 21
De la méthode en chimie. 22
MORALE (Biologie, sociologie, morale). 23
Biologie. 23
De la méthode en biologie (comparaison). 24

De la méthode pathologique. 25
Lois de la végétalité. 27
Lois de l'animalité. 28

III

LA SOCIOLOGIE.

De la méthode en sociologie (méthode historique). 32
Organisation sociale. 32
Propriété. 33
Famille. 39
Gouvernement. 41
Langage. 43
De l'équilibre social. 44
Religion. 44
Evolution sociale. 46
Loi des trois états. 47
Fétichisme. 48
Théologisme. 48
Positivisme. 50

IV

LA MORALE

MORALE THÉORIQUE. 54
Théorie cérébrale. 59
De la méthode en morale. 60
Méthode subjective. 62
Instincts. 66
Fonctions intellectuelles. 67
Fonctions de l'activité. 68
De l'harmonie des fonctions cérébrales. 70
MORALE PRATIQUE. 77
De l'Education. 78
Du Culte. 84

Versailles. — Imp. E. Aubert, 6, avenue de Sceaux.

PUBLICATIONS DIVERSES

EN VENTE

10, rue Monsieur-le-Prince, 10

Le Congrès ouvrier de Marseille. Programme et lettre adressée aux organisateurs, par M. Fabien Magnin, ouvrier menuisier... 15

Le Positivisme au congrès ouvrier de Paris. Discours prononcés par M. Émile Laporte, sur l'enseignement professionnel, par M. Isidore Finance, sur les sociétés coopératives, par M. F. Magnin, sur la représentation du nouveau Parlement. 1 vol in-32..

Des caisses de retraite pour les vieux ouvriers. Réponse au questionnaire dressé par la Commission parlementaire. Brochure in-8°..

Du marchandage et du travail à la minute. Deux lettres par MM. E. Laporte et J. Finance. Brochure in-8°........ 15

Des Expositions industrielles, par M. J. Finance........ 25

Des Chambres syndicales ouvrières et des associations coopératives. Discours prononcés par M. J. Finance, au congrès ouvrier de Marseille. Brochure in-8°................ 15

La rage et le salaire, par M. P. Foucart. Brochure in-8°.... 50

www.ingramcontent.com/pod-product-compliance
Lightning Source LLC
LaVergne TN
LVHW050644090426
835512LV00007B/1020